919 24,90

Andrea Braun · Weniger ist oft mehr

Andrea Braun

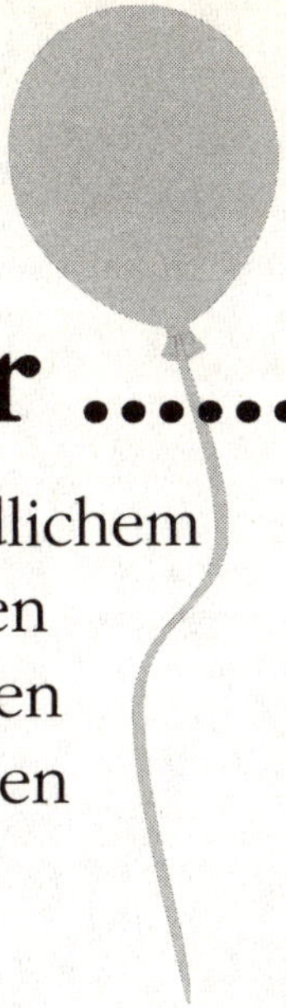

Weniger ...... ist oft mehr

Wie wir mit kindlichem Konsum umgehen und Suchtgefahren vorbeugen können

Kösel

ISBN 3-466-30447-4

2. erweiterte Auflage 1998

Druck und Bindung: Ebner, Ulm
Cartoons: Johann Mayr, Jetzendorf
Umschlag: Kaselow Design, München
Umschlagmotiv: TCL/Bavaria

2 3 4 5 · 02 01 00 99 98

Inhalt

Kindlicher Konsum –
eine
Herausforderung?

Dieses Buch möchte allen Eltern und Pädagogen, die sich über die heutige Konsumsituation ihre Gedanken machen und die mehr über die Zusammenhänge zwischen dem Konsumverhalten und möglichen Suchtvorbeugungsmaßnahmen erfahren wollen, eine Hilfe sein.
Ich bin selbst Mutter zweier Kinder im Alter von drei und sieben Jahren. Wie alle Eltern muss auch ich mich mit den Konsumwünschen meiner Kinder auseinander setzen.
Die meisten von Ihnen kennen die berühmte Situation mit den Süßigkeiten an der Supermarktkasse, wenn Werbeprospekte ins Haus flattern oder wenn Kinder von der Schule kommen und erzählen, was die beste Freundin alles hat. Solche Situationen sind ganz sicher nicht leicht zu bewältigen.
Durch meinen Beruf als Erzieherin habe ich Einblick in die verschiedensten Familiensituationen und beobachte natürlich auch die Spielsituation im Kindergarten.
Unser gesamter Alltag, der Umgang miteinander und das gesellschaftliche Leben bestehen aus dem Konsum von mehr oder weniger wichtigen oder unersetzbaren Gütern.
Sogar aus lebenswichtigen Dingen wie der Nahrungsaufnahme macht die heutige Medienlandschaft ein umfangreiches Konsumschlaraffenland.
Auf Schritt und Tritt begegnen Kinder Angeboten und Verführungen. Da werden Wünsche schnell geweckt und anschließend zu einem absoluten Muss erhoben.

In einer Zeit, in der die Spielzeugberge ständig größer, die Taschengeldforderungen immer höher und die Lebensräume für Kinder zunehmend enger werden, macht sich eine gewisse Langeweile in unseren Kinderzimmern breit.
Was tun, wenn ich alles schon besitze? Warum aufräumen, wenn ich keinen Bezug mehr zu den vielen Dingen habe? Und wie den vielen Verheißungen der bunten Werbespots widerstehen?
Auch ich war in mancher Hinsicht frustriert vom Spielverhalten meiner Kinder – besaßen sie doch all die schönen, pädagogisch wertvollen Spielsachen, die ich mir in meiner Kindheit immer sehnlichst gewünscht habe.
Doch eines Tages begann ich mich mit diesem Thema auseinander zu setzen und beschritt neue Wege. Es war ein spannendes Abenteuer für alle. Seit damals hat sich vieles in unserer Einstellung verändert.
Davon möchte ich Ihnen, liebe Leser, in diesem Buch berichten.
Wenn im Folgenden von *Erziehern* oder *Lehrern* die Rede ist, sind damit Frauen und Männer gemeint. Der Einfachheit halber habe ich auf die explizite Nennung der weiblichen Form verzichtet.

Wenn man im Deutschen Brockhaus das Stichwort »Konsum« nachschlägt, entdeckt man, dass es in diesem wuchtigen Buch über drei Seiten zu diesem Begriff nachzulesen gibt. Genannt seien hier nur die wichtigsten Aspekte: Das Wort »Konsum« wird vom lateinischen Wort »consumere« abgeleitet, was in etwa »verbrauchen« und »verzehren« bedeutet. Mit »Konsum« wird ein Verbrauch von Sachgütern und Dienstleistungen zur menschlichen Befriedigung von Bedürfnissen beschrieben. Deshalb steht Konsum in unserer Gesellschaft in engem Zusammenhang mit einem wirtschaftlichen Einkommen oder mit Geldmitteln.
Kindlicher Konsum bewegt sich auf einer einfacheren Ebene.

Er ist geprägt durch Vorbilder, Werbestrategien und den Wunsch, bestimmte Gegenstände oder Gefühlszustände zu erreichen. Das Konsumverhalten von Kindern ist meiner Meinung nach von außen beeinfluss- und steuerbar.
Kinder und Jugendliche konsumieren auch, um »dazuzugehören« oder dem trendgemäßen Verhalten Gleichaltriger zu entsprechen. Kindlicher Konsum kann ebenso eine Ersatzbefriedigung für nicht erfüllte psychische Bedürfnisse sein.

Dazu ein Fallbeispiel: Die Familie Schuster lebt in einer Zweieinhalb-Zimmer-Wohnung zur Miete und hat ein Kind namens Marion. Die Schusters haben Hoffnungen und Wünsche. Sie träumen von einem kleinen Eigenheim. Damit die neuen Pläne nicht in weite Ferne rücken, hat sich die Mutter dazu entschlossen, ab der Aufnahme des dreijährigen Kindes in eine Kindertagesstätte ganztags zu arbeiten. Sehr glücklich ist keiner mit dieser Lösung, aber es soll auch nur für ein, zwei Jahre sein.
Marion hat sich in den Ganztagesablauf der Tagesstätte sehr gut eingelebt, doch ist sie oft recht quengelig, wenn sie mit der Mutter am späten Nachmittag noch zum Einkaufen in den Supermarkt muss.
Deshalb fällt dort immer etwas für sie ab. Entweder sucht sie sich mit dem Einverständnis der Mutter eine Kleinigkeit in der Spielwarenecke heraus oder sie wählen gemeinsam Kekse aus. Manchmal gibt es günstige Angebote an Trickfilm-Videokassetten oder ein kleines Malbuch. An den tief hängenden Süßigkeitenregalen in der Warteschlange vor der Kasse kommen Marion und ihre Mutter selten vorbei, ohne etwas eingepackt zu haben. Häufig ist der Hunger so groß, dass nur noch die Verpackung auf dem Fließband der Kassiererin landet.
Dann geht es heim, denn zu Hause warten noch der Haushalt und die Vorbereitungen für das gemeinsame Abendessen.

Marion kann sich in dieser Zeit meist sehr schlecht alleine beschäftigen. Irgendwie aufgedreht springt sie durch ihr kleines Kinderzimmer. Der ganze Boden ist übersät von vielen Kuscheltieren, Plastikspielzeug, kleinen Heftchen und Büchern, Puppen und Bären. Auf dem Bett steht eine Kiste mit Perlenketten, Ringen, alten Uhren, kleinen Männchen und Hüpfbällchen aller Art, die sie erst am Morgen ausgeleert hatte, bevor sie dann in den Kindergarten musste.
Trotzdem ist ihr langweilig und sie sucht Unterhaltung bei ihrer Mutter in der Küche. Doch der Moment ist schlecht gewählt, soll doch in einer halben Stunde das Essen auf dem Tisch stehen. Schnell hat sie ihre Mutter überredet, ihr solange das Lieblingsvideo einzulegen. Nach dem Essen, wenn beide Eltern eine verdiente Pause mit Gesprächen über den Tagesablauf und ihre Probleme einlegen, darf sich Marion den Film zu Ende anschauen.
Am Wochenende unternimmt die Familie gern etwas gemeinsam, denn dazu bleibt unter der Woche kaum Zeit. Am liebsten gehen sie auf Flohmärkte und machen das eine oder andere Schnäppchen.
Vieles in Marions Kinderzimmer wurde günstig auf dem Flohmarkt erstanden. Beispielsweise hat sie zwei Wochen vor Weihnachten eine neuwertige, große Parkgarage mit allem Drum und Dran von ihren Eltern in einem schwachen Moment geschenkt bekommen. Die Eltern hatten sich überlegt, dass vielleicht nur das geeignete Spielzeug gefunden werden müsste, damit sie auch einmal alleine spielen könnte. Doch das wirklich Richtige ist bisher noch nicht gefunden worden, aber vielleicht war sie auch nur noch zu klein für all die günstigen Heimorgeln, Legobaukästen, Sprechpuppen ...

Vielleicht erkennen Sie sich und Ihre Kinder in diesem Fallbeispiel ein bisschen wieder, auch wenn es sich um ein Extrembeispiel handelt, das trotzdem so unrealistisch nicht ist!

Wenn man an die Kindergespräche denkt, in denen es durchaus eine Weile um das Fernsehprogramm von gestern gehen kann, oder wenn man an die heutige Einkaufssituation denkt, in die Eltern und Kinder regelmäßig hineingezogen werden und sich die Regale voll mit den schönsten, vielfältigsten und interessantesten Waren vor Augen führt, stellt sich die Frage, wie auch nur irgendjemand an diesen Dingen vorbeigehen können soll, ohne wenigstens einen kurzen Blick darauf geworfen zu haben? Oder wie ein Kind, das aufgeschlossen und wissbegierig für alles Neue, Bunte, Interessante ist, nicht vor diesem Regal stehen bleiben und den Wunsch entwickeln soll, so ein schönes Etwas zu besitzen?
Mit der Werbung, beim täglichen Fernsehprogramm so nebenbei von Millionen von Kindern konsumiert, erschließen sich Werbestrategen diese Zielgruppe von Anfang an. Die Werbung zeigt uns, was es sich alles zu besitzen lohnt. Sie vermittelt uns darüber hinaus den Zeitgeist und das Gefühl »in« zu sein und im Gesellschaftsleben mitzumischen. Dazugehören bedeutet alles.
Aber nicht nur die Werbung vermittelt Kindern die Spielregeln des Konsumverhaltens. Auch diejenigen, die ihnen am nächsten stehen, für sie sorgen und für sie da sein sollen, beteiligen sich daran.
Wir Eltern sind es, die den Kindern von klein auf die Wertmaßstäbe setzen. Wir ziehen sie markengetreu an, machen ihnen das Fernsehschauen vor und kaufen lieber Dinge, statt sie selbst herzustellen oder zu reparieren. Und wir haben einen vollen Terminkalender für uns und unsere Kids erstellt. Weil auch wir als Eltern konsumieren, machen es uns unsere Kinder nach. Es gibt in unserer Sprache das Wort *Konsum-Gut.* Ich habe mich gefragt, was es wirklich zu bedeuten hat. Ist Konsum – um mit dem Wort zu spielen – gut? Was ist daran gut? Und für wen ist der menschliche Konsum von Gütern gut? Ist er für die Seele gut? Für das Ego? Für die Wirtschaft? Oder für das Ansehen in der Gesellschaft? Denn

wer am Rande der Gesellschaft steht, kann sich meistens nichts mehr leisten. Werden Menschen zu Außenseitern, weil sie nicht »genug« konsumieren? Mir fallen dazu die Stadtstreicher und Punker ein, die ihre Einstellung durch Konsumverweigerung demonstrieren.

Konsum-Gut – ist Konsum vielleicht auch gut? Kann man damit auch positiv umgehen? Denn eines ist sicher: Wir Pädagogen und vor allem unsere Kinder müssen lernen, damit umzugehen.

Ich denke, dass gerade bei den Kindern der heutigen Zeit, in der die meisten Wünsche wahr werden können, wieder mehr überlegt werden muss, ob die Erfüllung von Wünschen auch immer sinnvoll ist.

Wie entsteht der Wunsch nach Konsum und welche Gefahren birgt er?

Uns allen ist längst bewusst, dass Kinder Konsumenten sind. Aber wie entsteht der Wunsch nach Konsum?
Es gibt Kinder, die haben unendlich viele, zum Teil wirklich ausufernde Wünsche und Bedürfnisse. Andere Kinder hingegen scheinen mit weitaus weniger auszukommen. Liegt es daran, dass sie teilweise erst gar nicht damit in Berührung kommen? Liegt es an unterschiedlichen Lebensumständen? Gibt es einen Familientypus, bei dem die Kinder anfälliger oder konsumgefährdeter sind als andere?
Viele Eltern kennen Situationen, in denen ihre Kinder sie sehr stark mit ihren Konsumwünschen konfrontieren.
Bei meinem Sohn ist mir das erste Mal richtig bewusst geworden, dass er seinen ureigenen Konsumwünschen nachgeht, als er an jedem Kaugummiautomaten Halt machte und uns um Groschen für Kaugummis anbettelte. Da war er gerade mal zwei Jahre alt.
Auch in Kaufhäusern sind Kinder vielen Reizen ausgesetzt. Sie sehen etwas, was ihnen gefällt oder ihre Aufmerksamkeit auf sich zieht, und schon kann es sein, dass sie sich darin vernarrt haben. Vernunft oder Überlegungen sind in diesem Moment ausgeschaltet. Das Kind hat nur den einen Gedanken: Es möchte dieses interessante Etwas haben.

Bei Jugendlichen drehen sich die Streitpunkte in puncto Einkaufen und Wünsche häufig um Kleidung und Freizeitgestaltung. Oftmals denken sie, dass sie ohne die entsprechende Kleidung gar nichts wert sind oder sofort zu Außenseitern abgestempelt werden.
Aufgrund erhöhten Taschengeldes und kleiner Jobs verfügen Jugendliche über ansehnliche Kaufkraft. Die verschiedenen Medien zeigen ihnen die heutige Angebotsvielfalt.
Wenn man das Thema »Konsum« diskutiert, muss man immer auch die weiterführenden Folgen mit einbeziehen: Es gibt den »normalen« Umgang mit einer Situation oder einem Gegenstand. Aber es gibt auch einen Zustand, bei dem der Gebrauch und Konsum von Dingen über ein »Hin und Wieder einmal« hinausgeht.
Nun werden sich Eltern und Pädagogen fragen, wie der kindliche Wunsch nach Konsum entsteht. Wie beginnt eventuell sogar eine Suchtgefährdung auf ganz »harmloser« Ebene? Mit diesem Thema beschäftigen sich seit geraumer Zeit viele Organisationen (z.B. die Aktion Jugendschutz oder die Bundeszentrale für gesundheitliche Aufklärung) und Fachleute.
Konsum ist etwas Allgegenwärtiges, Normales für unsere Kinder. Sie wachsen damit auf. Hellhörig sollte man nur werden, wenn der Konsum von Fernsehen, Süßigkeiten oder Videospielen überhand nimmt. Wir sollten uns in diesem Fall fragen, ob dieses Konsumverhalten nicht eine Ersatzbefriedigung für wichtige kindliche Bedürfnisse ist.
Wenn z.B. aus dem normalen Verbrauch von Süßigkeiten eines Kindes im Laufe der Zeit ein übermäßiger Konsum entsteht, dann kann dies schon zu einer Suchtgefährdung führen. Diese besteht immer dann, wenn man das Gefühl hat, auf etwas nicht mehr verzichten zu können.
Hierbei gilt zu bedenken, dass das Thema Sucht nicht nur zerstörte Drogenabhängige, betrunkene Menschen oder Ess- bzw. Brechsüchtige betrifft. Eltern und Erzieher sollten eher

auf unspektakuläre Dinge mit einer gewissen Aufmerksamkeit reagieren.

Ein Kleinkind, das seinen Schnuller eine Zeit lang nicht entbehren kann, ist eher unauffällig, vergleicht man es mit einem Drei- oder Vierjährigen, der seinen Nuckel den ganzen Tag nicht hergibt.

Ein Kind, das seine Ostersüßigkeiten in zwei Stunden verschlingt, wird wohl einiges an Erstaunen und Unwillen bei den Eltern hervorrufen. Doch ein solches Verhalten kann im Gegensatz zu einem Kind, das täglich mehrere Tüten Gummibärchen und eine Tafel Schokolade vertilgt, völlig harmlos sein.

Es gibt keinen Erziehungsstil, der mit Sicherheit maßlosen Konsum oder Suchtgefährdung ausschließen kann!

Im Prinzip kann sich jeder Mensch an den übermäßigen Konsum eines bestimmten Stoffes gewöhnen, und wenn es nur die unverzichtbare Tasse Kaffee oder die Tafel Schokolade ist.

Die wahren Bedürfnisse von Kindern und Jugendlichen sind der Schlüssel zu einem selbständigen, individuellen, kreativen Menschen. Wenn diese Bedürfnisse befriedigt werden, sind Kinder stark genug, um auch einmal gegen den Strom zu schwimmen, und sie sind immun gegen Gefährdungen, weil sie Rückgrat besitzen und das Vertrauen, alles mit ihren Eltern besprechen und Probleme gemeinsam mit ihnen bewältigen zu können.

Bestimmte Umstände und Entwicklungen in Lebensräumen von Kindern können einen übermäßigen und einseitigen Konsum nach sich ziehen .

Unerfüllte Wünsche nach Geborgenheit, Liebe und Aufmerksamkeit

Für jedes Neugeborene ist die Art und die Menge an Geborgenheit, Liebe und Aufmerksamkeit, die es erhält, von existenzieller Bedeutung für sein weiteres Leben.
Psychologen haben herausgefunden, dass der Wunsch nach Geborgenheit angeboren und in allen Kulturen und Altersstufen vorhanden ist. Es wird sogar die Meinung vertreten, dass der Wunsch nach Geborgenheit genauso stark ist wie der Wunsch nach Nahrung.
Die Redewendung »er oder sie hungert nach Liebe« ist uns allen bekannt. Früher hat man diesem schlichten Bedürfnis kaum Rechnung getragen. Kinder durften nicht zu sehr verwöhnt werden, deshalb erfüllte man ihre Bedürfnisse nach Liebe und Aufmerksamkeit nur mit Einschränkungen und nach einem genauen Plan.
Viele Kinder von damals – die Eltern von heute – spüren eine Kluft, die sich zwischen dem Maß an erhaltener Aufmerksamkeit und Geborgenheit und den damaligen Bedürfnissen auftut. Sie ist nicht wirklich greifbar. Man spürt sie nur im Bauch, vielleicht als kleinen nicht zu lokalisierenden seelischen Schmerz, der in manchen Situationen verschwommen auftaucht und sich schnell wieder verscheuchen lässt.
Bei anderen treten psychosomatische Probleme auf. Sie haben Ersatzbedürfnisse oder ein umfangreiches Verdrängungsbedürfnis.
Den Eltern von damals ist kein Vorwurf zu machen. Zu dieser Zeit wurde so erzogen, wie es für gut geheißen wurde. Die Allgemeinheit war der Meinung, dass man Babys nachts zum Durchschlafen bringt, indem man sie schreien lässt. Natürlich funktionierte diese Methode, nachdem das Kind irgendwann

resignierte und vor Erschöpfung einschlief. Doch viele Erwachsene spüren noch heute den damals erfahrenen Mangel an Geborgenheit und Urvertrauen.
Schon seit langem hat sich die Einstellung zur Kindererziehung sehr zum Wohle des Kindes verändert. Die meisten Eltern wissen, wie nötig Kinder Liebe, Geborgenheit und Aufmerksamkeit brauchen.
Trotz guter Vorsätze werden bei einigen Kindern diese Bedürfnisse nicht befriedigt. Das liegt auch daran, dass Eltern unterschiedliche Auffassungen von den oben genannten Begriffen haben, wie die folgenden Beispiele zeigen sollen:

Timo (zwölf Jahre) möchte genauso werden, wie sein großes Vorbild – der Vater. Er möchte so sein wie er, genauso gut Fußball spielen, einmal ein ebenso schnelles Auto fahren und so einen tollen, interessanten Beruf ausüben wie er. Sein Vater ist ein »Banker« und stolz auf seinen Sohn. Aber er hat ein einfaches Problem: Er hat viel zu wenig Zeit für Timo. Das schmerzt ihn täglich, denn er liebt seinen Sohn und er möchte ihm dies auch zeigen. Deshalb bringt er ihm viele interessante Dinge von seinen Geschäftsterminen mit und schiebt ihm oft Geld zu. Trotzdem hat Timo das Gefühl, sein Vater liebt ihn nicht richtig, weil er so wenig Zeit für ihn hat. Beide haben ein unterschiedliches Bild von »Liebe zeigen«.

Patrizia (vierzehn Jahre) ist ein lang ersehntes Einzelkind. Ihre Eltern sind spät Vater und Mutter geworden. Beide wollen Patrizia beschützen, sie umsorgen und immer für sie da sein. Alles im Leben von Patrizia und ihren Eltern dreht sich nur um sie. Manchmal möchte sie zusammen mit ihren Freundinnen etwas unternehmen. Dann haben ihre Eltern große Angst um sie. Sie erzählen ihr häufig, wie gefährlich die Welt heutzutage sei. Patrizia glaubt es irgendwann selbst und traut sich nur noch selten etwas zu.
Sie erfährt eine Form der Aufmerksamkeit, die sie in ihrer Eigenständigkeit und Persönlichkeit nicht reifen lässt.

Diese beiden Beispiele zeigen, dass Liebe, Geborgenheit und Aufmerksamkeit auf verschiedenste Weise ausgelegt und ausgeübt werden können. Zu viel Liebe am falschen Platz, zu viel Angst und Aufmerksamkeit auf Seiten der Eltern lassen keinen Raum für die eigene Entwicklung des Kindes.
Oft wird den Kindern Anerkennung für die »wichtigen« Dinge des Lebens zugeteilt, z.B. für gute Schulnoten, gutes Betragen, Mithilfe usw. Doch Anerkennung hat nicht nur etwas mit Leistung zu tun. Kinder suchen genauso Bestätigung für ihre Träume und Phantasien.

Die genannten Varianten zeigen, dass grundlegende Bedürfnisse der Kinder auch falsch ausgelegt werden können.
Der nicht erfüllte Wunsch nach Geborgenheit, Liebe und Aufmerksamkeit führt besonders direkt zu einseitigem Konsumverhalten.
Kinder oder Jugendliche, die keine Liebe und Geborgenheit erfahren, können sich selbst nur schwer akzeptieren. Es werden Äußerlichkeiten oder Unterschiede zum »Normalen« entdeckt und diese entweder ausgemerzt (»Ich bin zu dick, ich esse jetzt nicht mehr!«) oder verdrängt (»Wenn ich ein bisschen getrunken habe, sieht die Welt ganz anders aus, dann traue ich mich richtig.«). Darüber hinaus können diese Probleme ebenso durch Ersatzbefriedigungen »gelöst« werden (»Immer, wenn ich etwas Süßes esse, bin ich nicht mehr so traurig.«).
Auffällige Kinder hungern nach Liebe. Das können Erzieher in den verschiedensten Einrichtungen bestätigen. Wenn dieser »Hunger« nicht ausreichend befriedigt wird, fühlt sich das Kind oder der Jugendliche depressiv, unglücklich, einsam und ausgeschlossen.

Kinder brauchen eine Atmosphäre, die ausdrückt, dass sie erwünscht sind und geliebt werden. Durch das richtige Maß an Aufmerksamkeit können sie dann reifen, um sich Stück für Stück zu einer eigenen Persönlichkeit zu entwickeln.

Fehlende Möglichkeit der Selbstbestimmung und Selbständigkeit

Dazu ein Beispiel:
Im Kindergarten fällt Susanne durch ihre Schüchternheit auf. Sie ist gerade fünf geworden und sehr unselbständig. Andere Kinder unterhalten sich oft darüber, dass sie ihre Jacke noch nicht selbst zumachen kann, sich beim Abwaschen der Kinderteller schwer tut und nie eine eigene Meinung hat. Susanne versucht sich deshalb als Mitläuferin und hofft dadurch so wenig wie möglich aufzufallen.
Natürlich machen sich die Erzieher im Kindergarten Gedanken über Susanne. Manche Ursachen, wie z.B. die gleichfalls schüchterne Mutter, liegen ganz klar auf der Hand. Doch andere Probleme in der eher introvertierten Familie bleiben im Dunkeln.
Susanne fehlt die Möglichkeit der Selbstbestimmung. Das hat sie nie gelernt. Immer wurde für sie gedacht, über sie hinweg entschieden oder bestimmt. Eine eigene Meinung konnte sie deshalb nicht entwickeln. Auch die Mutter konnte ihr kein Vorbild sein. Allein der Vater besaß das Recht, für alle zu denken und seine Entscheidungen »zum Wohle der Familie« zu treffen.
Mit der Selbstbestimmung verlor sie auch die Möglichkeit der Selbständigkeit. Keiner in der Familie verlangte von diesem anpassungsfreudigen Kind eine eigene Initiative. Selbständiges Handeln war eher gefährlich, weil es ja möglich war, dass es dem Familienziel nicht entsprechen würde. Der Vater hatte die alleinige Macht, Dinge aus eigenem Antrieb und mit Selbstbewusstsein auszuüben.
Diese Vorschrift erstreckte sich mit der Zeit auf alle Lebensbereiche, so dass sich normale altersgemäße Fähigkeiten wie

Schuhebinden oder Kinderzimmer aufräumen nicht entwickeln konnten. Dafür war die Mutter zuständig.

Solange solche Kinder in ihrer geschützten Familienidylle überbehütet werden, besteht keine Gefahr. Aber sobald sie in die Außenwelt eintauchen, entdecken Kinder wie Susanne, dass sie irgendwie anders sind. Diese Erkenntnis ist nicht einmal so schwer, da sie im Alltag ihrer Altersgenossen genug Anhaltspunkte dafür finden.

Susanne ist ein Beispiel dafür. Es gibt die unterschiedlichsten Gründe, warum Kinder nicht zu selbständigen und selbstbewussten Personen heranwachsen. Tatsache aber ist, dass genau solche Kinder in ihrem späteren Leben besonders gefährdet sind, Konsum- und Suchtprobleme zu entwickeln. Ihnen fehlt der Mut zu eigenen Entscheidungen, genügend Rückgrat, um wirklich »Ja« und – vor allem noch wichtiger – »Nein« sagen zu können. Sie sind Verführungen und Versprechungen gegenüber viel aufgeschlossener, da sie eigenständiges Denken nicht gewohnt sind.

Vielleicht wird Susanne mit dreizehn Jahren von einer Klassenkameradin die erste Zigarette angeboten und sie traut sich nicht abzulehnen? Vielleicht möchte sie aber auch nur nicht aus der Reihe tanzen und auffallen?

Viele Eltern wünschen sich sehnlichst, wenn ihr Kind mit der »ersten Zigarette« konfrontiert wird, dass es dann »Nein« sagen kann. Das können Kinder nicht von heute auf morgen, dazu müssen Eltern sie befähigen.

Kinder brauchen Eltern, die sie dazu befähigen, eine eigene Meinung zu entwickeln, die ihnen Mut zur Selbständigkeit machen und ihnen genügend Selbstbewusstsein für eigene Entscheidungen geben.

Das Recht auf eine eigene Persönlichkeit

Kinder haben oft damit zu kämpfen, dass sie den Anforderungen ihrer Eltern, der Gesellschaft und der Schule nicht entsprechen können.

Wenn ein Kind geboren wird, stellt sich bei den meisten Eltern sehr schnell heraus, dass sie sich das Leben mit einem Kind mit all seinen Konsequenzen nicht so vorgestellt hatten. Meist spielen sich Eltern und Kind nach einiger Zeit aufeinander ein und das gemeinsame Leben beginnt. Auch wenn Eltern ihre Kinder gerne so akzeptieren würden, wie sie sind, fällt es doch zumindest den meisten recht schwer. Man hat so seine eigenen Vorstellungen und Träume, wie die Tochter oder der Sohn sein könnten. Manchmal entwickelt sich aus dem unschuldigen Baby ein Mensch mit sehr konträren Charakterzügen und Überzeugungen. Spätestens im vorpubertären Alter stellen sich dann erste Probleme im Zusammenleben ein.

Für manche Eltern ist es sogar noch schwieriger, wenn das Kind Verhaltensweisen entwickelt, die denen der Eltern ähneln. Konfliktreich wird es vor allem dann, wenn man seine eigenen negativen Eigenschaften in »Miniatur« widergespiegelt bekommt. Daraus entwickelt sich nicht selten eine Ablehnung der beim Kind beobachteten Verhaltensweisen. Der Erwachsene möchte es verändern, es lenken oder die unerwünschten Verhaltensweisen unterdrücken.

Was passiert mit diesen Kindern? Sie werden dieses Vorhaben zuerst nicht richtig zuordnen können, die Beweggründe sind zu komplex. Die meisten Eltern werden es nicht einmal selbst können. Mit der Zeit versucht das Kind auf eine einfache Weise zu überleben: Es registriert das Wunschverhalten der

Eltern und versucht danach zu leben. Trotzdem wird es mit zunehmendem Alter das Gefühl haben: »Ich möchte so sein dürfen, wie ich bin!«
Solchen Menschen fehlt ganz allmählich das Selbstvertrauen, denn so wie sie sind, können sie nicht gut sein, da sie niemand akzeptiert. Ihre wirklichen Gefühle können sie nicht ausleben.
Nach und nach beginnen sie in einer Scheinwelt zu leben. Eine einfach zu erreichende Scheinwelt bauen sie sich z.B. durch das Fernsehen, aber auch mit Comics und Videospielen auf.

Kinder brauchen Eltern, die sie erziehen, aber nicht umkrempeln wollen. Sie brauchen jemanden, der auf sie vertraut und sie akzeptiert.

Zu wenig Platz und Freiräume

In früheren Zeiten standen Kindern mehr Ödgelände, Naturplätze, Baulücken, Grünanlagen und erlaubte bzw. geduldete Spielmöglichkeiten zur Verfügung. Selbst in der Stadt war das Spielen nicht so gefährlich wie heute. Es gab weniger Verkehr, weniger Kriminalität, dafür wesentlich mehr Hinterhöfe, Grünflächen und Treffpunkte für Kinder und Jugendliche. Man traf sich in der Nachbarschaft und ging miteinander auf den »Bolzplatz« zum Fußballmatch oder spielte mit dem halben Dorf Verstecken.

Solche Spielwelten gibt es heutzutage kaum mehr, die Lebenssituation von Kindern und Jugendlichen hat sich verändert. Viele gehen tagsüber aus dem Haus, um eine Tageseinrichtung, eine entfernte Schule oder den Ausbildungsplatz zu erreichen. Das spontane Spiel mit Nachbarskindern kommt aufgrund weniger Spielräume und einer festen Terminplanung nicht mehr so selbstverständlich zustande.

Freiräume (im doppelten Wortsinn) sind zur Seltenheit geworden. Früher verschwand man nach der Schule mit Freunden im Wald oder auf den Wiesen und kam erst gegen Abend zerzaust und voller Abenteuer wieder nach Hause. Ein paar Stecken, Blätter, ein Dachsbau, eine kleine Schutthalde oder ein Leiterwagen gaben genug Nahrung für lange, phantasievolle Spiele.

Heranwachsende brauchen Platz und das Gefühl, in ihrem Spiel von der Umwelt akzeptiert und in Ruhe gelassen zu werden.

Da erklärt sich von selbst, wie z.B. die Schilder »Ballspielen verboten« oder »Rasen bitte nicht betreten« auf Kinder und Jugendliche wirken.

Ihnen fehlt die Möglichkeit, sich frei zu bewegen. Das

Spielverhalten ist so eingeschränkt, dass Phantasie und Abenteuer schwer aufkommen können.

Wir möchten unserer Bundesregierung ganz herzlich dafür danken, daß man sich als junge Familie die eigenen vier Wände leisten kann!
GUTE NACHT PAPI
BOSCH

Auch zu Hause herrscht häufig Platzmangel. Leider werden in den meisten Wohnungen viel zu wenig und zu kleine Kinderzimmer geplant. Viele größere Familien haben zudem noch erhebliche Probleme, auf dem Wohnungsmarkt eine bezahlbare Wohnung von entsprechender Größe zu ergattern. Darüber braucht man sich auch nicht zu wundern, wenn man in der Zeitung Annoncen wie diese liest:

»Zu vermieten: 4 1/2 Zimmer-Wohnung mit Garten an älteres Ehepaar!«
Platzprobleme führen immer zu zwischenmenschlichen Problemen. Ich habe Familien auf engstem Raum erlebt. Es gab keine Rückzugsmöglichkeiten (worunter vor allem Jugendliche leiden) und der Fernseher war allgegenwärtig.
Wo kein Platz zum Spielen vorhanden ist, können sich Kinder auch nicht richtig entfalten.

Kinder brauchen in ihrem Leben genügend Freiräume. Sie brauchen Erwachsene, die sie ihnen zugestehen, und eine Gesellschaft, die wieder neue Lebensräume für sie schafft.

Das Fehlen von Freundschaften

Das Verschwinden geeigneter Spielräume führt zwangsweise zu der Schwierigkeit, mit Gleichaltrigen in Kontakt zu kommen. Wenn eine Familie dann noch in ein Wohngebiet zieht, in dem es kaum Kinder gibt, fällt es besonders schwer, Freunde zu finden. Hinzu kommt, dass Kinder während eines großen Teils ihrer Freizeit verplant sind. Wie soll ein Kind in einer solchen Situation Freunde finden?

Mary ist ein Einzelkind, ihre Eltern sind aus England nach Deutschland gezogen, die Sprachprobleme sind inzwischen bewältigt. Doch die Wohnlage der Familie fiel ein wenig ungünstig aus. Mary wohnt in einem überalterten Stadtviertel, so dass sie auf dem einzigen Spielplatz nur selten ein Kind trifft. Sie und ihre Mutter geben sich alle Mühe Kontakt zu finden, aber spontan ergibt sich nichts. Auch im Kindergarten ist noch kein Platz für Mary frei.
Mary möchte endlich wieder mit einem anderen Kind spielen, doch sie kann nur darauf hoffen, dass sie mit der Aufnahme in den Kindergarten Freunde findet. Bis dahin muss die Mutter täglich als Spielpartner einspringen, auch das Kinderprogramm im Fernsehen bekommt einen wichtigen Platz in Marys Leben.

Doch selbst wenn Kontaktmöglichkeiten vorhanden sind, fehlt vielen Heranwachsenden die Fähigkeit, richtige, dauerhafte und tief gehende Freundschaften aufrecht zu erhalten. Viele Menschen haben lieber zehn oberflächliche Bekannte als ein bis zwei richtige Freunde. Vielleicht steckt auch die Angst dahinter, etwas falsch zu machen, jemanden zu enttäuschen oder selbst enttäuscht zu werden. Gesteigerte Ansprüche werden z. B. vom Fernsehen geprägt, denn dort werden unwirkliche, verklärte und perfekte Freundschaftsbilder vorgeführt.

Wie Mary ergeht es vielen Kindern. Wenn Kontakte zu Gleichaltrigen ausbleiben, suchen sich die Kinder Ersatz. Meist ersetzen Fernsehen, Videospiele und Computer die aktive Freizeitgestaltung.
Unter ungünstigen Umständen kann es heutzutage sogar zu einer »Verinselung« der ganzen Familie kommen. Früher befanden sich Wohnort, Schule und Arbeitsplatz im näheren Umfeld. Heute nehmen Spezialisierung und steigende Mobilität tendenziell zu.
Verinselung bedeutet, dass z.B. Nachbarskinder nicht mehr – wie früher – gemeinsam zur Schule gehen, sich nach den Hausaufgaben treffen und in einer sozialen Gemeinschaft miteinander leben und aufwachsen. Oft müssen weit entfernte private oder weiterführende Schulen mit dem Bus erreicht werden. Freunde wohnen daher häufig nicht mehr am gleichen Ort, so dass auch die Freizeitgestaltung woanders stattfindet.
Erwachsene können diesen gesellschaftlichen Ansprüchen eher standhalten als Kinder. Kindern machen besonders die damit verbundenen sozialen Probleme zu schaffen.
Die Werbung reagiert mit gezielter Produktwerbung genau auf dieses Bedürfnis nach Freundschaft. Da wird Barbie zur besten Freundin und Power-Rangers gaukeln Jungs und Mädchen vor, einer starken und unzertrennlichen Truppe anzugehören. Der Teufelskreis schließt sich, wenn Kinder zu Hause vor dem Fernseher sitzen und vereinsamen.
Nicht nur Kontakte werden somit unterbunden, auch das Spiel mit all seinen wichtigen Eigenschaften zur Förderung der Persönlichkeit und Entwicklung findet nicht mehr statt.

Kinder brauchen Möglichkeiten und genügend Raum bzw. Zeit, Freundschaften zu entwickeln und zu pflegen.

Faktor *Langeweile*

Der Faktor *Langeweile* spielt in vielen Familien eine große Rolle. Langeweile kann sehr schnell aufkommen, wenn man eingeschränkte Spielmöglichkeiten und kaum Freunde hat. Doch *Langeweile* steht auch für Antriebslosigkeit. Kindern und Jugendlichen fällt es schwer, damit umzugehen. Meist wenden sie sich an ihre Eltern und Erzieher. Jeder von Ihnen kennt den Ausspruch: »Mir ist so langweilig, was soll ich denn nur machen?« Wie auf Knöpfchendruck (oder auch nur, um dieser Stimmung zu entgehen) sprechen viele Eltern sofort darauf an. Die schnellste und einfachste Alternative ist der Fernseher oder Videorecorder. In pädagogischen Einrichtungen wird der Erzieher versucht sein, etwas Passendes zum Spielen vorzuschlagen. Und damit wären wir wieder beim Konsum.

Kinder und Jugendliche haben heutzutage keine Möglichkeit mehr, kleine Abenteuer zu erleben. Dazu ist das Leben zu sehr von Regeln bestimmt. Tatsächlich steigt das Bedürfnis nach abenteuerlichen Erlebnissen mit zunehmendem Alter. Jugendliche wollen etwas erleben, aus dem Alltagstrott aussteigen und neue Erfahrungen machen. Dies gibt ihnen die Gelegenheit, Freiheit und die eigenen Grenzen zu erfahren. Doch die meisten Eltern fürchten Gefahren. Es ist ihnen lieber, wenn die Kinder ihre Abenteuerlust in entsprechenden Video- und Kinofilmen oder Abenteuer-Comics ausleben. Das trotzdem vorhandene Bedürfnis nach realen Abenteuern bringt Kinder und Jugendliche z.B. schon ab zehn bis elf Jahren[1] den Einstieg in den Zigarettenkonsum. Alkohol und so genannte »weiche« Drogen sowie Ecstasy stellen ein weiteres Abenteuerfeld dar.

Für Kinder und Jugendliche ist es wichtig, Langeweile auch

auszuleben. Aus einer gelebten Langeweile ohne Ablenkung durch einfache Ersatzbefriedigungen entstehen meist – nach gewisser Zeit – kreative Prozesse. Ich habe das selbst an meiner Tochter erlebt, die sich bei mir immer wieder über Langeweile beklagte. Lange Zeit fühlte ich mich dazu beauftragt, dieser Langeweile Abhilfe zu verschaffen, bis ich mich eines Tages weigerte. Da verstand ich, warum Langeweile der Beginn für etwas Neues sein kann. Die Folge war, dass meine Tochter nach einigem Gequengel wieder auf sich selbst gestellt war. Es gab kein Entrinnen, sie musste sich mit sich selbst auseinander setzen, Phantasie aufbringen, einen eigenen Antrieb entwickeln und zur Tat schreiten. Es klappte! Natürlich gibt es in unserer Familie immer wieder mal Langeweile, aber wir können nun besser damit umgehen.

Langeweile ist der Beginn eines wichtigen Prozesses, bei dem sich das Kind mit seinen eigenen Fähigkeiten auseinander setzt.

Kinder und Geheimnisse

Kinder lieben Geheimnisse. Ob sie nun zusammen mit ihrem Vater ein Geschenk zu Mutters Geburtstag kaufen oder sich in der Vorweihnachtszeit auf das tägliche Adventskalendertürchen freuen, sie sind von der Aura des Geheimen fasziniert. Aber wie steht es um Kinder, wenn sie über das Verstecken von Geschenken hinaus eine eigene »geheime Welt« in ihrem Reich oder gar Geheimnisse vor Erwachsenen haben?

Wird Kindern Platz für diese Bedürfnisse gelassen? Oder haben wir Angst um ihre Gunst, Angst vor Gefahren oder eigenständigen Entscheidungen?

Das Bedürfnis nach Geheimnissen vor Erwachsenen tritt in den meisten Fällen erstmals im Kindergartenalter auf. Das frisch gebackene Kindergartenkind weigert sich, den Eltern von seinen Stunden in dieser ganz neuen, von der Ursprungsfamilie abgetrennten Welt zu erzählen. Die Kinder wollen diese eigene Welt für sich, als ihr Geheimnis behalten. Ein Stück Unabhängigkeit wird aufgebaut und zeigt sich auf diese Weise.

Später wird dies im Freundeskreis weiterverfolgt. Welcher Jugendliche möchte zum Beispiel schon gerne die Eltern in seine Kreise mit einbeziehen?

Für Erwachsene ist das anfangs eine ganz neue Erfahrung, auf die es mit dem richtigen Gespür einzugehen gilt.

Die Realität steht in der heutigen Gesellschaft eindeutig im Vordergrund. Dabei gehören Geheimnisse, Phantasien, aber auch Mythen und Märchen zur kindlichen Entwicklung. Unsere Eltern und Großeltern bekamen davon noch genug im Familienverband und in der Schule mit. Das Märchen war Volksgut und ein Bestandteil der Erziehung. Obwohl auf deren Wichtigkeit immer wieder hingewiesen wird, können sie sich gegenüber den Bilderbüchern, Comics, Kassetten und Fernsehprogrammen und wegen der knappen Zeit der Eltern nicht durchsetzen. In Kindergärten und Tageseinrichtungen bleibt es ganz der Motivation und Zeit des entsprechenden Pädagogen überlassen, ob Kinder mit der Phantasiewelt in Berührung kommen.

Die Möglichkeit der Entfaltung von Kreativität und Phantasie bleibt häufig auf der Strecke. Doch der Mensch braucht diese Dinge, um Lösungen von Problemen erzielen zu können.

Wer kreativ ist, braucht weniger Konsum! Kinder, die über genügend Kreativität verfügen, benötigen nicht viel zum Spielen. Wenn sie etwas Neues möchten, können sie sich mit eigenen Ideen helfen. Aufgrund ihrer inneren Zufriedenheit sind sie nicht so anfällig für die Verlockungen der Konsumwelt.

Kinder brauchen das Recht auf eigene Bereiche, die nur ihnen vorbehalten sind. Sie wollen einen Ausgleich zu der allzu nüchternen Realität des Lebens und sie wünschen sich Möglichkeiten, ihre Phantasie und Kreativität entfalten zu können. Dazu brauchen Kinder auch Geheimnisse, Mythen und Märchen.

Mehr Geld – mehr Konsum

Wie eingangs schon beschrieben, werden wir in unserer Gesellschaft auf Schritt und Tritt mit dem Thema »Konsum« konfrontiert. Das bedeutet, dass wir und die Kinder täglich Dinge sehen, die man kaufen kann, die erstrebenswert sein sollen, die wir brauchen und die wir wollen. Viele Gespräche drehen sich nur darum.

Blickt man einmal in die Vergangenheit zurück, erkennt man einen Zusammenhang zwischen Wirschaftswachstum und steigendem Konsum. Gleichermaßen stiegen die Ausgaben für Spielzeug, Bücher und Kinderkleidung.

Meine Großmutter, eine von fünf Töchtern einer Bauernfamilie, spielte, wenn sie nicht zu arbeiten hatte, im Freien und steckte sich aus Naturmaterialien ihr Spielzeug zusammen. Ihre Eltern kauften ihr und ihren Geschwistern kaum Spielsachen, denn man maß dem kindlichen Spiel keine wichtige Rolle bei und hatte zudem noch mit dem Geld hauszuhalten.

Meine Mutter, die mit ihren Eltern und den zwei Brüdern in der Stadt wohnte, war ein Nachkriegskind. In dieser Zeit gab es bekanntlich auch nicht viel. Doch Eltern wie Kinder waren damals sehr erfinderisch. Mein Großvater fertigte aus Abfallholz z.B. Bauklötze oder eine Eisenbahn. Meine Mutter bastelte sich aus Warenhauskatalogen eine Anziehpuppe, indem sie Fotos von abgebildeten Menschen ausschnitt, die sie auf Pappe aufklebte und die sie wiederum mit Kleidern ausstaffierte, die ebenfalls in diesen Katalogen abgelichtet waren. Es gab wenig, aber sehr flexibles Spielzeug.

In meiner Kindheit, der Zeit des Wirtschaftsaufschwungs, sah die Spielzeugsituation schon wieder anders aus. Wir drei Mädchen legten schon keinen Wert mehr auf Bauklötze, sondern wollten Legos. Jede von uns hatte ein bis zwei Puppen und einen Bären. Obwohl unsere Eltern sich finanziell nicht so viel leisten konnten, kamen doch zu Weihnachten und an den Geburtstagen von den Verwandten genug Spielsachen ins Haus. Ich besaß einen elektrischen kleinen Kochherd – mein ganzer Stolz. Es gab eine große Puppenstube, eine Autorennbahn usw.

Unsere Kinder besitzen inzwischen alles, was das Kinderherz begehrt. Besaß ich damals zwei Bilderbücher, die ich wie Schätze hütete, sind es heute bei uns stolze dreißig.

Aufgrund der verbesserten finanziellen Situation der Familien von heute entsteht in den Kinderzimmern meist das Problem der Überfüllung. Konnten und mussten früher Eltern zu bestimmten Wünschen wegen finanzieller Einschränkungen »nein« sagen, entfällt dieses Argument jetzt weitestgehend.

Ich frage mich, ob es sinnvoll ist, eine solche Menge von Spielzeug zu besitzen. Kann ein Kind dabei den Überblick behalten?

Ich hatte zwei Puppen und schon Mühe, keine der beiden zu benachteiligen. Täglich spielte ich mit ihnen und nahm sie überall hin mit. Kann ein Kind eine so enge Beziehung aufbauen, wenn statt zwei Puppen zwanzig das Kinderzimmer bevölkern? Das halte ich für unmöglich.

Viele ältere Kinder und Jugendliche versuchen im Kampf um mehr Taschengeld ihre finanzielle Kaufkraft zu erhöhen. Doch die meisten Eltern bleiben konsequent bei ihren Taschengeldsätzen. Im Kinderschutzbund rufen oft verunsicherte Eltern an, die fragen, wie viel Taschengeld für welches Alter sinnvoll ist. Dort wird man gut beraten. Damit Sie sich eine Vorstellung davon machen können, in welchem Rahmen sich die Taschengeldsätze in etwa bewegen sollten, mögen Ihnen die folgenden Richtlinien einen Anhaltspunkt geben. Sie stammen vom Kinderschutzbund Ulm und wurden mir von Lothar Steurer übermittelt.

Kinder der ersten Klasse sollten 1 DM erhalten, Kinder der zweiten Klasse 2 DM, Kinder der dritten Klasse 3 DM usw. Kindern und Jugendlichen ab zwölf Jahren sollten die Beträge einmal monatlich auf ein Taschengeldkonto überwiesen werden. Ihnen darf zugetraut werden, dass sie mit einem bestimmten Geldbetrag selbständig haushalten können. Bei der Wahl der Bank sollten Sie darauf achten, dass man den Heranwachsenden nicht die Möglichkeit eröffnet, ihr Konto zu überziehen.

Wichtig:
Eltern und Kinder müssen im Vorfeld klären, wofür das Taschengeld ausgegeben werden darf. Keine Beschränkungen: Das Kind sollte sich von seinem Taschengeld z.B. so viel Süßigkeiten usw. kaufen dürfen, wie es will, auch wenn es den Eltern schwer fällt!
Keine Pflichtkäufe: Vom Taschengeld sollten keine Schulsachen und andere Notwendigkeiten gekauft werden müssen.
Sogar die Industrie rechnet mit dem monatlichen »Einkommen« der Kinder. Man spricht in Deutschland von 15 Milliarden DM Taschengeld und Ersparnissen (der Sechs- bis Fünfzehnjährigen) im Jahr. In der Werbung ist man sich der steigenden Kaufkraft von Minderjährigen bewusst und nutzt sie aus.
Im Gegensatz zu früher sind Erwachsene heute eher bereit, etwas ohne Anlass zu verschenken. Es ist üblich geworden, kleine Geschenke zu überreichen und so sammelt sich im Kinderzimmer allerlei Krimskrams an.
Auch an den kleineren Festen wie Ostern und Nikolaus werden inzwischen immer mehr Geschenke gemacht. Wurden früher Schokoladenhasen und ein Ball verschenkt, so liegen jetzt Bilderbücher, Fahrräder, Doktorkoffer usw. im Nest. »Wie kann das der Osterhase nur bringen?«, hörte ich einmal ein jüngeres Kind fragen. Das frage ich mich in der Tat auch. Nikolaus ist ein Beispiel dafür, wie oft manche Kinder diesen heiligen Mann feiern müssen.

Nina (fünf Jahre) erlebte den Nikolaus gleich fünfmal in einer Woche. Das erste Mal begegnete er ihr im Kaufhaus, dann kam er mit dem Schlitten in den Kindergarten. Am Abend wurde ein professioneller Nikolaus mit Gehilfen nach Hause eingeladen. Am nächsten Tag ließ er noch verspätet in der Turngruppe eine Kleinigkeit liegen. Von der Oma, die 300 km weit weg wohnt, kam noch am selben Tag ein Päckchen an.

Zu Weihnachten liegen die meisten Nikolausgeschenke dann bereits unbeachtet in irgendeiner Ecke herum. Der ganze Geschenkerummel beginnt noch einmal von vorne, nur noch extremer. Die Kinder verlernen dabei, einzelne Dinge zu lieben. Sie werden von der Unmenge an Spielzeug total überfordert und können sich nicht mehr entscheiden, mit welchem sie sich beschäftigen sollen.

Kinder brauchen nicht alles, was sie sehen und der Markt ihnen bietet – sie verlieren sonst das Maß aller Dinge und zudem die Fähigkeit, ohne Konsum zufrieden zu sein.

Fehlende Vorbilder

Fragt man Jugendliche nach ihren Vorbildern, werden einige darauf mit konkreten Personen aus den Bereichen Sport, der aktuellen Musikszene und eher seltener aus der Politik und des öffentlichen Lebens antworten. Andere wiederum werden höchstens den Kopf schütteln.
Richtige, dauerhafte Vorbilder, die auch noch eine gewisse Aura verströmen, sind rar geworden. Viele der künstlich erschaffenen Teenie-Idole werden heute nach ein paar Musikhits und dem neuesten Trend entsprechend durch andere ersetzt.
Es gibt aber noch ein Medium, das Kinder und Jugendliche sehr wohl mit Vorbildern nach eigenem Strickmuster versorgt. Die »tollsten« Helden treten nach wie vor in der Zigaretten- oder Alkoholwerbung auf, vor allem letztere ist dabei besonders einfallsreich. Sie spricht ganz besonders das Bedürfnis nach Abenteuer und der weiten Welt an.
Was aber, wenn sich ein Dreizehnjähriger ebenfalls als Cowboy fühlen möchte und seinem Vorbild mit einem Glimmstängel nacheifern will?
Welche Vorbilder vermitteln junge Mannequins, die sich täglich mithilfe von Fitnesstraining und Mineralwasser ihre Figur erhalten müssen? Ihr Motto »Nein danke, ich esse nicht – ich möchte schlank bleiben« ist gerade für junge Mädchen mit einem Hang zu Ess-Störungen und Selbstwertproblemen ein fatales Vorbild. Sie sind nicht nur mit einer gertenschlanken Barbie aufgewachsen, auch die raffinierte Vermarktung dieser neuen Vorbilder suggeriert ihnen völlig falsche Ideale und Wunschvorstellungen.
Und wie steht es mit den Vorbildern in der unmittelbaren Umgebung von Kindern und Jugendlichen? Wie gestaltet sich

der Umgang der Eltern und Berufspädagogen mit Konsum- und Suchtmitteln?

Jeder von uns muss sich selbst fragen, wie er mit den »alltäglichen« Suchtmitteln wie Nikotin, Alkohol und Medikamenten umgeht. Rauchende Eltern bzw. Pädagogen können Jugendlichen wohl schlecht das Rauchen verbieten, wenn sie es sich selbst zugestehen. Gehört zu einem Familienfest oder zu einer Hausparty immer Alkohol? Und wie ist der allgemeine Umgang mit Medikamenten? Werden bei kleinen Unpässlichkeiten sofort »Gegenmaßnahmen« ergriffen? Oder genügt es, statt einer Tablette zuerst ein paar alte Hausmittelchen auszuprobieren?

Wenn schon Kinder von klein auf sehen, dass Erwachsene auf Frustrationen mit Ersatzbefriedigungen reagieren, werden sie erst gar nicht anfangen, darüber nachzudenken und sich anders zu verhalten.

Wie in allen Bereichen der Erziehung kommt den Erwachsenen eine große Verantwortung zu. Gewiss sind die Anforderungen, alles richtig zu machen, nicht immer erfüllbar. Auch Eltern sind nur Menschen. Sie haben Schwächen, die sie zeigen müssen. Damit werden sich Kinder in ihrem Leben immer wieder auseinander setzen müssen.

Erwachsene sollten durch ihr gutes Vorbild Kinder und Jugendliche dazu anregen, sinnvoll mit Konsumgütern umzugehen und sich kritisch mit der Werbung und falschen Vorbildern auseinander zu setzen.

Familienstrukturen heute

Die Familien unserer Mütter und Großmütter sahen noch ganz anders aus. Oft hatte man viele Kinder bzw. Geschwister. Die Großeltern lebten mit im Familienverband und die Rollenverteilung war eher klassisch.
Die Familienstrukturen von heute beruhen auf den unterschiedlichsten Konstellationen. Es gibt viele allein erziehende und geschiedene Elternteile mit Kind(ern) und es gibt die zusammengesetzten Familien (»Patchworkfamilien«), bei denen der eine von beiden Partnern oder beide ein Kind oder mehrere Kinder mit in die neue Beziehung bringen.
Sogar die typische, ganz »normale« Familie nach dem Schema »Mutter – Vater – Kinder« erfährt in den letzten Jahrzehnten einen großen Wandel. Die ursprüngliche Rollenverteilung hat sich häufig aufgrund gestiegener Arbeitslosenzahlen umgekehrt, wenn sich der Vater Arbeit suchend zu Hause um die Hausarbeit und die Kinder kümmert, während die Mutter berufstätig ist.

Ein großes Problem für Eltern und Kinder ist die doppelte Berufstätigkeit der Eltern. Sie wird dann zur Belastung, wenn sie den individuellen Bedürfnissen der Kinder und denen der Eltern nicht angeglichen werden kann.

Meist gibt es zu wenig gute und auch akzeptable Betreuungsangebote. Des weiteren werden weder für Mütter noch für Väter genügend Möglichkeiten zur Teilzeitarbeit angeboten. Ich kann mir vorstellen, dass viele Eltern eine Teilung der

Berufstätigkeit oder eine geringere Arbeitszeit für einen der beiden Partner anstreben würden, wenn es ihnen nur möglich gemacht würde.
Doch für manche Familien würde auch dies nicht ausreichen. Beide Eltern müssen oft arbeiten, weil sonst der normale Lebensstandard mit Miete, Kleidung, Freizeitgestaltung usw. nicht aufrecht erhalten werden könnte.
Die Schwächsten in dieser Kette leiden darunter, und das sind immer die Kinder. Oft werden dann ihre wahren Bedürfnisse zurückgeschraubt und aus schlechtem Gewissen Ersatzbedürfnisse, die schneller zu befriedigen sind, geweckt.
Aus welchen Gründen auch immer Kinder und Jugendliche in Ganztagseinrichtungen gehen, die Familiensituation ändert sich dadurch.

Jörg (vier Jahre) und seine vier Jahre ältere Schwester Sabine gehen gemeinsam in eine Kindertagesstätte. Jeden Morgen heißt es für die ganze Familie früh aufstehen, weil die Kinder mit dem Vater in die Stadt fahren, um in die Tageseinrichtung zu kommen. Die Mutter arbeitet ebenfalls. Sie holt die beiden am Nachmittag um 16.30 Uhr ab.
Die Kinder essen mittags im Hort und die Eltern in ihren jeweiligen Kantinen. Deshalb entsteht die erste Gemeinschaftssituation am Abendbrottisch. Dabei ist die Familie nicht vollzählig, da der Vater oft erst gegen 19 Uhr nach Hause kommt.
Jörg und Sabine wollen nach dem Essen meist ihre Ruhe haben und ziehen sich in ihre Zimmer zurück, der Mutter bleibt ein Berg an Hausarbeit.
Das Familien- und Freizeitleben findet nur noch am Wochenende und im Urlaub statt.
Die Doppelbelastung in der Verbindung von Arbeitsplatz, Kinderbetreuung, Familie und Haushalt trifft in den meisten Fällen die Mütter am härtesten.

Wegen der schwierigen finanziellen Lage und aus dem Bedürfnis heraus, den bisherigen Lebensstil als Paar wenigstens ansatzweise aufrecht erhalten zu können, entscheiden sich viele Eltern für nur ein Kind. In den meisten Fällen erfährt dieses Kind wesentlich mehr Aufmerksamkeit und wächst in einer völlig anderen Familienkonstellation auf als ein Kind, das mehrere Geschwister hat. Das Aufwachsen ohne Geschwister kann aber Auswirkungen auf das Sozialverhalten und die Persönlichkeit des Kindes haben.
In der Herkunftsfamilie (Eltern und mehrere Kinder) werden soziale Konflikte von klein auf ausgetragen. Wer kennt ihn nicht, den Streit ums Badezimmer oder um die Frage, wer die größere Portion Eis bekommen hat?
Machtkämpfe werden frühzeitig mit den Geschwistern geübt und auch die so genannte Frustrationstoleranz (die Fähigkeit, mit gefühlsmäßig negativen Situationen umzugehen) wird schon von klein auf gefördert.
Sicher haben es Geschwisterkinder später in den verschiedenen Gruppen leichter, da sie sehr viele Situationen schon zu Hause durchgespielt haben. Doch auch Einzelkinder können dieses Wissen erlernen, wenn sie unterstützende Eltern und die Möglichkeit zur Auseinandersetzung mit anderen Kindern haben.

Das »verplante« Kind

Wozu brauchen Kinder Zeit? Zum Spielen, Träumen, Kontakte knüpfen, die Welt entdecken und erfahren, zum Reden ... Jörg und Sabine aus dem vorherigen Kapitel haben durch ihre Familiensituation schon eine sehr eingeschränkte Möglichkeit freier Zeiteinteilung.
Zeit läuft den meisten Menschen irgendwie davon. Ich höre von Erwachsenen, die von ihrem Tag behaupten, dass er mindestens noch fünf Stunden länger dauern müsste, um all das zu erledigen, was sie noch tun wollten. Es gibt Kinder und Jugendliche, die sich immer wieder (zu Recht) darüber beschweren, dass sie durch Schule und Hausaufgaben zu wenig Freizeit für sich und ihre Hobbies haben.
Den Verpflichtungen und Vorschriften der Schule kann man nur selten entgehen. Doch wie steht es mit den Kindern, die im Kleinkind- und Kindergartenalter sind?

Elke (sechs Jahre) ist eigentlich ein ganz normales Kindergartenkind. Ihre Eltern wohnen mit ihr und ihrem jüngeren Bruder Dennis (zweieinhalb Jahre) in einem stadtnahen, mittelständischen Wohnviertel. Elke geht sehr gerne in den Kindergarten. Am Nachmittag aber hat sie andere Interessen. Ihre Mutter hat sie für Kurse aus verschiedensten Bereichen angemeldet. Sie geht einmal wöchentlich in die Musikschule und besucht zusammen mit dem Nachbarskind eine angesehene Ballettschule. Mutter wie Tochter nutzen das Volkshochschulprogramm der Stadt. Elke besucht zur Zeit einen Kinderkochkurs.
Da wäre dann noch Dennis. Er geht einmal pro Woche in die Krabbelgruppe und noch zum Kleinkindturnen.

Mit diesem Programm sind nicht nur Elke und ihr Bruder ausgelastet, auch ihre Mutter hat genug mit der Hin- und Herfahrerei zu tun. Ganz sicher macht es den beiden Kindern großen Spaß, ihre verschiedenen Kurse zu besuchen. Trotzdem frage ich mich, ob diese wirklich in solchem Umfang nötig sind. Sicher könnten die Kinder am Nachmittag auch mit Freunden aus der Nachbarschaft spielen.

Heutzutage ist es normal, seine Kinder durch die Teilnahme an verschiedenen Kursen zu fördern. Die meisten Eltern sind über das breit gefächerte, gute pädagogische Angebot froh. Die Möglichkeiten, die individuellen Fähigkeiten und Interessen des Kindes auf spielerische Weise auszubauen, macht den Kindern sehr viel Spaß. Gerade diesem Spaß und dem großen Angebot ist es wahrscheinlich zuzuschreiben, dass es oft zu »verplanten« Kindern ohne frei verfügbare Zeit kommt. Dabei wäre es so einfach zu sagen: »Wir wollen unserem Kind etwas ›bieten‹, es fördern, es an verschiedenen Gruppen teilhaben lassen, aber in einem akzeptablen Umfang.«

Meiner Meinung nach genügen einem Kind auch schon ein bis zwei Kurse pro Woche. Dabei hat es noch genügend Freiraum für spontane, einfache Spielverabredungen mit den Freunden.

Die Bundeszentrale für gesundheitliche Aufklärung (BZGA) geht in ihrer Jugendbroschüre *Iss was?*[2] unter anderem auf die Verplanung von Kindern und Jugendlichen ein. Über das Medium einer Geschichte wird der Leser direkt angesprochen und es werden ihm auf witzige Art Schritte aufgezeigt, wie er aus dem Dilemma »Zeitverlust« wieder herauskommen kann.

Die absolute Verplanung von Kindern birgt eine große Gefahr. Eine ständig anhaltende Atmosphäre der Einteilung und das Abhaken von wöchentlichen Highlights kann dazu führen, dass Kinder nicht mehr in der Lage sind, sich selbst sinnvoll zu beschäftigen, sie werden antriebslos.

Phantasie, Eigeninitiative und Kreativität kommen nicht mehr zur Entfaltung. Das Gefühl, immer etwas Besonderes tun zu müssen, lässt sie nicht mehr zu einem ausgeglichenen Spiel kommen.

Man bedenke: Alle erwünschten Lernziele können in einem ausgeglichenen Spiel unter Kindern erreicht werden!
Alle Fähigkeiten, alle Emotionen, alles Leben und Lernen erarbeitet sich das Kind im Spiel. Seien es Zusammenhänge, Lernschritte, handwerkliche, soziale oder geistige Fähigkeiten, sie können sich im einfachen Spiel entwickeln.

Medien- und Kommunikationslandschaften

Als vor einigen Jahren die verschiedensten neuen Medien Einzug in unser Leben hielten, gab es viele Skeptiker. Mit der Einführung der vielen neuen Fernsehprogramme wurde vor allem befürchtet, dass die Menschen nur noch vor dem Fernseher sitzen würden.
Seitdem ist das erweiterte Angebot in unseren Haushalten schon zum normalen Alltag geworden. Doch in Wirklichkeit hat sich vieles verändert, ohne dass es so richtig zur Kenntnis genommen wurde. Ganz langsam haben sich bestimmte Sendungen in das Wochenprogramm von Familien eingeschlichen. Das Angebot für potentielle Kunden hat sich vervielfacht. Vor allem Kinder und Jugendliche zieht der Fernseher magisch an.
Anlässlich eines Besuches bei Verwandten musste ich erstaunt folgende Szene mit ansehen, die sich an einem Samstagnachmittag ereignete:

Eine Nachbarschaftsgruppe von zehn Mädchen und Jungen im Alter von drei bis elf Jahren spielte schon seit einer Stunde auf der Straße und um die Häuser Fangen, Verstecken und Hüpfgummi. Plötzlich öffnete sich ein Fenster und eine Mutter rief zu ihren Kindern herunter: »Lena, Simon, Tigerentenclub kommt!« Wie auf ein unsichtbares Kommando machten sich nicht nur diese beiden Kinder auf den Weg. Auch die anderen wurden entweder hereingerufen oder gingen auf dem schnellsten Wege nach Hause vor den Fernseher. Kurze Zeit darauf war die Straße wie leergefegt.
Ich konnte sie mir alle gut vorstellen, wie sie nun auf ihre Ohren und Augen reduziert mit offenen Mündern vor dem

Fernseher saßen und die Welt über ein Medium erfahren wollten.

Das Fernsehprogramm für Kinder und Jugendliche ist hinsichtlich seines Niveaus sehr unterschiedlich. Es gibt massenhaft Billigproduktionen und Comics, aber auch gute, pädagogisch durchdachte Sendungen. Das Schwierige dabei ist, dass Kinder schon ab sechs Uhr morgens die »Kiste« einschalten können und das Fernsehen gern als Babysitter oder K.O.-Knopf für gestresste Eltern herhalten muss.
Selbst wenn man nur die »guten« Sendungen einschaltet, würde man sich auf einen stundenlangen Fernsehkonsum einstellen müssen. Kinder, die zur Langeweile neigen oder oft von sich aus nach dem Fernsehen fragen, sind sehr schwer von diesem faszinierenden Konsummittel abzubringen.
Doch welch schwerwiegende Folgen der übermäßige Fernsehkonsum für eine ganze Gesellschaft mit sich bringt, zeigen inzwischen mehrere Studien und Bücher.
Manfred Heinemann (Direktor der Mainzer Klinik für Kommunikationsstörungen) hat in einer flächendeckenden Studie in Kindergärten in Mainz und Umgebung den Einfluss von elektronischen Medien wie Fernsehen, Multimediacomputer und Video auf die Entwicklung der kindlichen Sprache untersucht. Er hat herausgefunden, dass 25% der Kinder im Vorschulalter eine deutlich verzögerte Sprachentwicklung aufweisen. Weitere 50% haben leichte Sprachdefizite. Besonders Besorgnis erregend ist, dass die Zahl der sprachgestörten Kinder in den letzten zehn Jahren deutlich zugenommen hat.
Diese schwerwiegenden Zahlen resultieren aus der Tatsache, dass mit den Kindern zu wenig gesprochen wird und diese zu viel fernsehen, computerspielen usw.
Ist die neue Medienlandschaft nun ein Kommunikations- und Sprachkiller?

Es sieht so aus, als ob sich diese Tendenz fortsetzen wird, wenn sich Eltern und Pädagogen nicht ihrer Schlüsselrolle als »Präventionshelfer« bewusst werden.
Doch längst haben nicht mehr alle Eltern die Möglichkeit zu handeln. Mancherorts hat sich dieses Problem schon verselbständigt und unterliegt nicht mehr dem Einfluss der Erwachsenen.

Medienarbeit sollte schon mit den ersten Fernsehsendungen beginnen. Es erscheint dringend geboten, den bewussten und angemessenen Konsum aller elektronischen Medien von Anfang an gemeinsam zu erarbeiten.

Auf dieses Thema werde ich in dem Kapitel »Was können Eltern tun?« ausführlicher eingehen.
Zusätzlich zum Fernseher haben in den meisten Haushalten schon seit einigen Jahren die Heimcomputer und Videospiele Einzug gehalten.
Haben Sie schon einmal eine Videospielecke im Kaufhaus beobachtet? Viele Warenhäuser haben an die Elektroabteilung eine Computer- und Videospielvorführecke angeschlossen. In diesem recht kleinen Areal tümmeln sich oft zehn bis zwanzig Kinder und Jugendliche. Wie gebannt starren sie auf das Vorführgerät, versuchen einen Platz am »Joystick« (Bedienungseinheit) möglichst nah am Bildschirm zu ergattern, um dann einen Helden im Nahkampf zu mimen oder ein Autorennen zu gewinnen.
Es gibt viele Eltern, die das Gezanke und Gezeter um die Anschaffung des neuesten Apparates (sprich: einer Konsole) oder eines der neusten Videospielmodule/CD (diese Videospiel-Konsolen basieren auf CD-Technik, während andere

auf der Modultechnik aufbauen) nicht mehr ertragen und doch immer wieder nachgeben müssen.
Vergleicht man Videospielkonsolen mit PCs, so haben die Konsolen den Vorteil, dass sie nur den Bruchteil eines PCs kosten, die Spiele jedoch in der Qualität durchaus mit denen von Spitzen-PCs mithalten können. Die Handhabung der Geräte ist auch viel einfacher. Der Nachteil ist, wie der Name Videospielkonsole schon sagt, dass sie wirklich nur zum Spielen geeignet sind.
Die meisten Heimcomputer bzw. Personalcomputer (PC) werden von Eltern in dem Glauben gekauft, damit nützliche Arbeiten wie Bankgeschäfte u.ä. erledigen zu wollen. Oftmals aber haben die eigenen Kinder sie mit lammfrommen Versprechungen wie »Ich kann meinen Aufsatz prima darauf schreiben« dazu überredet, um dann in der Hauptsache darauf spielen zu können.
Leider entpuppt sich die Wundermaschine manchmal als kleiner Fluch, wenn die Eltern nie an den PC können, weil eines ihrer Kinder gerade daran sitzt.
Mit der Anschaffung eines Computers eröffnen sich nun unendlich interessante und faszinierende weiterführende Angebote. Das umfangreichste ist inzwischen das Internet. Dort kann man sich – natürlich nur nach einheitengerechter Bezahlung und der Grundkosten – fast alles ins Arbeits- oder Kinderzimmer holen. Man hat Zugriff auf Diskussionsforen, Infos, Spiele, Bücherlisten, Warenbestellungen oder eine Universitätsbibliothek irgendwo in Amerika und vieles mehr. Für Eltern technisch versierter Kinder entwickelt sich mit dem Internet das Problem, dass es auch die Kinder nützen wollen. Die Anschlüsse haben zwar eine Codenummer, aber die ist vielen zu unbequem, so dass sich die PC-Besitzer den Computer so einrichten, dass man mühelos einsteigen kann – auch die Kinder. Problematisch dabei ist gewiss der direkte Zugriff auf alle Angebote und Informationen, auch auf die nicht jugendfreien wie z.B. Sex und rechtsradikale Propagan-

da. Das Thema »Ballerspiele und Co.« wird bei diesem Medium erst recht brisant. Eine sehr kostenträchtige Begleiterscheinung ist eine gesalzene Telefonrechnung, denn das Surfen auf der Datenautobahn macht richtig süchtig und kostet Zeit. Wie im Fluge verstreichen oft die Stunden, denn es gibt zu viele faszinierende Angebote. Der Trick ist ein ganz einfacher: Sobald man sich eingeklinkt hat, erscheinen im »Menü« (Übersicht) die interessantesten weiterführenden Angebote. Besonders Kindern und Jugendlichen fällt es dabei schwer, an die verstreichenden Einheiten und Gebühren zu denken.

Mit der Zeit wird nicht nur der familiäre Geldbeutel um einiges leichter, die Söhne und Töchter haben wiederum einen beträchtlichen Teil ihrer Freizeit sitzend und zum größten Teil ohne Kommunikation und echtes Spiel verbracht.

Der heutzutage am weitesten verbreitete mobile Datenspeicher ist die CD-ROM. Diese CD entspricht einer ganz normalen Musik-CD, mit dem Unterschied, dass Computer-Daten darauf gespeichert sind. Obwohl Fachleute zu Beginn des Erscheinens von CD-Roms große Bedenken hatten, bestätigte sich die Befürchtung, die CD-ROM könnte der Untergang des Buches sein, nicht. Zum einen gibt es nur eine sehr beschränkte Auswahl an Buchtiteln auf CD (hauptsächlich Lexika), zum anderen setzt sich glücklicherweise das Buch trotzdem weiter durch. Ein Buch lässt sich einfach problemlos überall hin mitnehmen.

Die größte Auswahl an CD-ROMs gibt es im Bereich der Computer- und Videospiele. Es gibt Strategie-, Adventure-, Geschicklichkeits-, Sport-, Simulations- und Actionspiele. Der Reiz dieser Spiele besteht in der Möglichkeit – im Gegensatz zu Videofilmen oder Musik-CDs – aktiv auf das Spielgeschehen Einfluss nehmen zu können. Viele Experten erwarten in den nächsten Jahren fließende Übergänge zwischen aktuellen Musikproduktionen, neuesten Spielfilmen und interaktiven Spielen auf dem Computer.

Unter den CD-ROMs gibt es auch die so genannten »Edutainment-Titel« (Educational – lernen, Entertainment – Unterhaltung). Auf spielerischer Basis wird den Kindern und Jugendlichen Wissen nebenbei vermittelt. 1996 wurden Eltern und Kindern über 100 Titel schmackhaft gemacht. Die Tendenz stand damals auf »Steigerung«.
Zum Inhalt folgendes Beispiel: Beim Thema Bauernhof kann ein Kind z.B. am Computer mit seiner »Maus« (Bedienungsgerät) auf dem Menü das Thema »Kuh« anklicken und einen Film über das Melken sehen, Zahlenspiele machen oder Tierstimmen erraten und verschiedene Zeichentrickfilme zum Thema sehen. Es gibt natürlich auch reine Lernprogramme, die eher für Jugendliche entwickelt werden.

Kinder sind von dieser neuen Welt des Lernens fasziniert. Gegner meinen, dass die Zuwendung einer Bezugsperson und Lernen durch eigenes Erleben eine bessere Möglichkeit der Wissensvermittlung darstellen.
Diese neue Medien- und Kommunikationslandschaft bringt eine enorme Vielfalt in das Leben der Heranwachsenden. Doch sie birgt ebenso viele Gefahren und Probleme. Die eigene Kreativität, eine umfassende Kommunikation und das Erlernen von sozialen Fähigkeiten bleiben unter Umständen auf der Strecke.
Wie spreche ich ein mir unbekanntes Kind an? Was tue ich, wenn ich von den anderen ausgeschlossen werde? Wie löse ich Konflikte? usw.
Können Kinder solche Situationen am Bildschirm lernen?
Konsumieren macht träge. Wenn man viel in sich aufnehmen und verarbeiten muss, kann man keine eigenen Ideen entwickeln. Doch wir brauchen zukünftige Erwachsene, die spontan, einfallsreich, sozial und kreativ sind. Wir leben in einer Welt, die sich technisch rasant weiterentwickelt.

Die Heranwachsenden werden überall mit den neuen Medien konfrontiert und sollten auch lernen, damit umzugehen. Nur sollte dieser Umgang eine Ergänzung zum sonstigen Leben sein und keinesfalls überhand nehmen.

Wenn Eltern eigene Wünsche auf ihre Kinder übertragen

Ich erkannte während meiner Recherchen zu diesem Buch, dass oft eigene Wünsche der Eltern auf die Kinder übertragen werden. Dazu ein Beispiel:

Auf einem äußerst großen Spielplatz in einem Zoo saß ich auf einer Bank in der Nähe eines Karussells. Meine Tochter spielte dort gerade. Es war eines von jenen Karussells, das mittels Schwungrad in der Mitte der Plattform durch eigenes Andrehen in Fahrt gebracht werden konnte. Als vier weitere Kinder hinzukamen, kam die Sache erst richtig in Schwung. Die Bande tobte, lachte und versetzte sich in eine immer schneller werdende Fahrt. Selbst als die kleine Gruppe müde wurde, riss das Gespräch unter den Kindern, die sich eigentlich kaum kannten, nicht ab. Die Kinder fühlten sich so richtig wohl miteinander.
Doch da nahte die Mutter von drei Kindern der Spielgruppe. Sie machte eine ausholende Handbewegung und zeigte auf all die anderen Fahrzeuge, Klettertürme, Riesenrutschen, das Feuerwehrauto und die Streicheltiere und meinte: »Warum sitzt ihr denn immer nur hier auf diesem kleinen Karussell? Schaut euch doch die vielen Sachen an. Die habt ihr nachher überhaupt nicht ausprobiert, wenn wir in einer halben Stunde gehen! Es gibt doch so viel hier!«
Damit war die Spielsituation in Sekunden aufgelöst. Die Gruppe, die zuvor eine eigene kleine Spielwelt für sich gebildet hatte, zerstob in alle Himmelsrichtungen, um alleine weiter an einer Rutsche, einem Klettergerüst oder an einer Schaukel zu spielen.
Kurze Zeit später beobachtete ich, wie ein stolzer Vater seinen sieben Monate alten Sohn, der friedlich im Sand

spielte, ausgerechnet auf die höchste Kleinkindrutsche setzte, um ihm ein seiner Meinung nach noch schöneres Rutscherlebnis zukommen zu lassen.

In beiden Fällen fragte ich mich, warum sich die Eltern in die Bedürfnisse ihrer Kinder einmischen? Die Kindergruppe auf dem Karussell hatte sich auf ihre kleine Insel zurückgezogen, jedes Kind war in das Spiel mit den anderen vertieft und integriert. Ihnen fehlte in diesem Moment nichts. Deshalb entschlossen sie sich auch, keine weiteren Spielmöglichkeiten auszuprobieren.
Ebenso bin ich mir sicher, dass der sieben Monate alte Junge, hätte er selbst entscheiden können, lieber barfuß im Sand herumgekrabbelt wäre. Woran liegt diese Diskrepanz? Ich selbst habe folgende Erfahrung gemacht:
Meine Schwestern und ich hatten wenig, aber meist schönes Spielzeug, das wir miteinander teilen mussten. Wir waren glücklich damit, denn wir konnten gut miteinander spielen. Trotzdem gab es bei uns – wie bei den meisten Kindern – unerfüllte Wünsche. Wir entdeckten später einen Hang dazu, diese unerfüllten Wünsche auf unsere Kinder zu übertragen. So bekamen meine Kinder z.B. sehr viele schöne Bücher, eine dreistöckige mit Holzmöbeln eingerichtete Puppenstube und mindestens 50 geschnitzte, handbemalte Holztiere. Mit den Büchern lag ich nicht falsch, die interessierten meine Kinder genauso wie mich. Doch bei der Puppenstube hatte ich meine Wunschträume auf meine Tochter übertragen. Nun saß sie mit einer Puppenstube da, die sie in ihren Dimensionen so überforderte, dass sie kaum damit spielten konnte. Ich brauchte drei Jahre, bis ich das verstand. Wir räumten die kaum benutzte Puppenstube für längere Zeit weg. Dann entschlossen wir uns, nur noch zwei Zimmer zum Spiel anzubieten. Stellen Sie sich vor, unsere Tochter war so begeistert, eine verkleinerte Puppenstube nach langer Abstinenz zu haben, dass sie sie sehr bewusst wahrnahm und mit

ihr spielte. Mit den Holztieren spielte meine Tochter erst, als ich 46 davon wegräumte und nur noch vier zur Verfügung standen. Die Riesenmenge hatte sie total überfordert.

Diese Beispiele lassen sehr deutlich erkennen, dass Erwachsene gerne dazu neigen, ihre eigenen unerfüllten Wünsche an den Kindern auszuleben, indem sie ihnen Dinge schenken, die sie selbst nie bekommen haben.

Reizüberflutung und Überforderung

Wir alle kennen Momente, in denen einfach zu viele Reize auf einmal auf uns einwirken. Wenn das Radio läuft, das Telefon klingelt, ein Mitbewohner nach uns ruft und vielleicht noch eine Person auf uns einredet, wird es plötzlich zu viel. Man kann das Gewirr an Eindrücken nicht mehr entschlüsseln. Oft möchte man am liebsten davonlaufen oder alles abstellen.

Schon für Erwachsene bringt eine Reizüberflutung eine körperliche und psychische Belastung und Überforderung mit sich. Man wird kribbelig, sogar aggressiv.

Wie muss es dabei Kindern und Jugendlichen ergehen, wenn sie permanent zu vielen Reizen ausgesetzt sind? Welche Berieselungen strömen täglich auf sie ein?

Ein ganz normaler Tagesablauf eines Jugendlichen (oder eines Kindes) beginnt morgens mit dem Einschalten des Radios. Schnell wird gefrühstückt, vielleicht kommt der Walkman mit in die Schultasche. Auf dem Schulweg wird entweder eine Kassette angehört oder möglicherweise muss das Kind oder der Jugendliche durch das Gewimmel und Getöse einer Innenstadt laufen. Es gibt viel zu beachten: Ampeln, Fußgänger, Autos und Fahrräder kreuzen den Weg. Überall riecht es anders, man hört die unterschiedlichsten Geräusche, beim Gehen wird der Gleichgewichtssinn beansprucht und die Augen übernehmen die lebenswichtige Aufgabe, Gefahren zu erfassen. In der Schule ist der Heranwachsende nur wenigen Sinneseindrücken ausgesetzt. Dafür wird eine starke Konzentration gefordert.

Wenn er dann am Nachmittag wieder zu Hause ist, stürmen andere Eindrücke auf ihn ein. Familienprobleme oder Absprachen ergreifen von ihm Besitz, der Fernseher läuft even-

tuell, Hausaufgaben sollten gemacht werden. Am Abend entspannt er sich entweder am Computer, dem Fernseher oder mit einem Videospiel.
Solche oder ähnliche Tagesabläufe sind bei vielen Erwachsenen, Kindern und Jugendlichen keine Seltenheit. Im Grunde empfindet das keiner von uns als unnormal oder ermüdend. Doch besonders bei Kindern wirkt sich die Dauerberieselung von verschiedensten Reizen hemmend auf die innere Ruhe und das seelische Wachstum aus.
Kindern wird zu viel auf einmal zugemutet und angeboten. Sie müssen sich ständig neu entscheiden, welches der vielen interessanten Dinge sie zuerst unternehmen oder spielen wollen. Auf diese Weise werden Kinder vom Beginn ihrer Entwicklung an zu einem spezifischen Konsumverhalten erzogen. Langeweile ist für solche Kinder beängstigend. Sie vermeiden mit der Zeit diesen Zustand und gehen ihm aus dem Weg.
Kinder und Jugendliche fühlen sich häufig von ihrer Umgebung überfordert. An erster Stelle steht ihrer Meinung nach die Schule mit ihren Ansprüchen und Hausaufgaben. Schüler beschleicht immer wieder das Gefühl zu versagen, wenn sie z.B. den Anforderungen nicht entsprechen. Nur die guten Schüler bekommen Anerkennung, schlechte Schüler fallen aus der Belohnungsskala heraus. Dabei gibt es genügend schlechte Schüler, die mit ein wenig Zuwendung neuen Mut schöpfen könnten. Das Verhältnis von »gut« und »zu schlecht« begleitet sie unter Umständen ihr ganzes Leben lang.
Nicht nur die Schule hat Erwartungen an Heranwachsende, auch das Elternhaus mischt kräftig mit. Viele Erwachsene möchten, dass ihr Kind es einmal besser hat. Vor allem engagierte Eltern wünschen sich für ihre Kinder eine möglichst gute und zukunftsorientierte Ausbildung. Manchmal wird der Sohn oder die Tochter dabei auf einer höheren Schule überfordert.
Natürlich erstreckt sich diese Erwartungshaltung auch auf das

Leben in der Familie und der Gesellschaft. Welcher Jugendliche will immer mustergültig sein? Heranwachsende wollen sich eher von den bisherigen Umgangsformen distanzieren, um sich ihrer Individualität zu versichern. Mit diesen unterschiedlichen Erwartungen und Verhaltensformen auf beiden Seiten kommt es zwangsläufig zu Differenzen. Schüler flüchten sich zunehmend in den Konsum von Zigaretten, Alkohol, Schmerz- und Aufputschmitteln, um einerseits ihre Leistungen zu steigern und andererseits, um sich zu entspannen.
In mancher Hinsicht erweist sich der hausgemachte Freizeitstress mit den verschiedensten Kursen, Sportarten und Freizeiten als weiteres Bindeglied zu unmittelbarem Leistungsdruck.

Sinnvolle, unstrukturierte oder vom Kind in Maßen selbst gewählte Freizeitunternehmungen in Vereinen und Jugendgruppen oder Treffen mit Freunden können für das Selbstbewusstsein mehr ausrichten als jeder »superstarke« Airbrushkurs.

Zuletzt möchte ich noch darauf hinweisen, dass mit einem ganz einfachen Leitsatz die schwierigste aller Überforderungen von Kindern genommen werden kann:

»Du darfst so sein, wie du bist!«

Auf dieser Basis kann ein Mensch sich so stark entfalten, dass Suchtgefahren für ihn keine wesentliche Rolle spielen.

Kinderwünsche – Elternsorgen

Durch die Medien und am eigenen Leib erfahren wir immer wieder, wie stark sich kindliche Wünsche verändert haben. Manchen Pädagogen und Eltern wird mulmig bei den überzogenen Alltagswünschen von zum Teil schon kleinen Kindern. Ganz selbstverständlich wünschen sich Kinder Spielsachen im Wert von zwei- oder gar dreistelligen Summen. Dabei haben diese Kinder natürlich keinerlei Vorstellung von der Bedeutung solcher Summen.

Alles, was das Herz begehrt?

Meine Schwestern und ich haben früher unsere imaginären Konsumorgien im Warenhauskatalog gefeiert. Auf jeder Seite hörte man sofort aus dreifachem Munde: »Das will ich! Das wünsch ich mir bald!« Wir träumten von all den schönen Dingen, doch uns war bewusst, dass eine Vielzahl dieser Wünsche nie in Erfüllung gehen würde.

Auch unsere Kinder schreiben jedes Jahr an Weihnachten ihren Wunschzettel. Manchmal beschleicht mich das Gefühl, dass diese Wunschzettel immer ausgefallener und ausführlicher werden.

Es kann nicht anders sein, denn nie hatten Kinder eine solche Auswahl an Spielzeug. Die strahlende, glitzernde Werbespielwelt tut, besonders an Weihnachten, ihr Übriges dazu.

Überzogene und nicht erfüllbare Wünsche

Auf den meisten Fernsehkanälen werden Kindersendungen während und nach der Sendung mit Werbung unterbrochen. Diese gezielten Kampagnen zielen auf das Käuferpotential von morgen ab. Zum Leidwesen der Eltern werden dabei auch viele Wünsche in den jungen Zuschauern geweckt.
Kein Wunder also, dass sich z.B. Rita immer noch das gesamte Barbiehaus mit passendem Jeep wünscht und furchtbar traurig ist, dass ihre allein erziehende Mutter ihr diesen »einen« Wunsch nicht erfüllen kann. Trotz der vielen Gespräche, die sie mit ihrer Mutter schon zu diesem Thema geführt hat, kann sie nicht einsehen, dass in ihrem Haushalt gespart werden muss. Auf der Mutter lastet ewig das Gefühl, ihrem Kind etwas Wichtiges versagt zu haben.
Viele Leser kennen die Schilderungen von Familien nach dem Zweiten Weltkrieg, die ihren Kindern Spielzeug aus Alltagsgegenständen und Recyclingmaterial zusammenbastelten.
Heutzutage würden das keine Mutter oder Vater mehr wagen, denn die Kinder haben genaue Vorstellungen von ihrem Lieblingsspielzeug. Etwas anderes würde nur Enttäuschung hervorrufen. Vielleicht würde das eine oder andere Kind darauf eingehen, doch das Risiko, dass die Kinder eventuell unzufrieden reagieren könnten, gehen die meisten Erwachsenen nicht ein.
In der Werbung wird Markenbewusstsein erzeugt. Nur das Original zählt, alles andere gilt als minderwertig. Und so wird weitergespart und familienintern zusammengelegt, damit der

Sprössling zu seinem Geburtstag die »richtige« CD-Anlage auspacken kann.

Manche Wünsche sind eigentlich unerfüllbar. Da gibt es z.B. Kinder, die sich exotische Tiere wünschen, welche nicht artgerecht versorgt werden können. Leider werden solche Wünsche oft genug erfüllt.

Andere Kinder und Jugendliche wünschen sich »nur« ein Fahrrad. Sie bedenken dabei nicht, dass ein Fahrrad in erster Linie ein Fortbewegungsmittel ist. Sie wollen das modernste, leichteste und schnellste »In-Fahrrad« haben. Leider kosten solche Fahrräder aber sehr viel Geld.

Überzogene Geburtstagswünsche müssen nicht erfüllt werden, auch wenn sie finanziell gesehen möglich wären. Schließlich stellt sich nach der Erfüllung eines solchen Wunsches die Frage:
Was kommt als Nächstes? Womit können wir als Eltern nächstes Jahr dienen?
Bei zwei oder mehr Kindern wird die Sache noch schwieriger: Will man Gerechtigkeit walten lassen, müssen auch die Wünsche der anderen adäquat erfüllt werden!

Trauen Sie sich, auch einmal Nein zu sagen!

Mithalten können um jeden Preis

Jeder von uns hat schon das Gefühl erlebt, zu einer Gruppe von Menschen nicht dazuzugehören, weil man die »Aufnahmebedingungen« – die äußerlichen und gesellschaftlichen Voraussetzungen – nicht erfüllen kann. Man wird gezwungen, ein Stück Individualität für eine Gleichstellung in der Gruppe aufzugeben. Dann erst ist die Basis gegeben, in einer solchen Clique aufgenommen zu werden.
Das Thema *Gruppenzwang* ist keineswegs neu. Ich kann mich noch gut an meine Jugendzeit erinnern, als ich frisch vom Lande kommend auf ein Gymnasium in die Stadt wechselte. Als Erstes musste ich lernen, mich an eine einheitliche Kleidervorschrift zu halten. Dann beobachtete ich unter den Kindern und Jugendlichen einen Verhaltenskodex und eine bestimmte Art sich auszudrücken.
Da ich diese Dinge erst erkennen und erlernen musste, war ich eine Zeit lang sehr alleine – ich war eine Außenseiterin, worunter ich ziemlich litt.

Jugendlichen und Kindern ergeht es heute ähnlich. Beim Kauf einer Hose kommt z.B. nur die teure Markenjeans mit dem kleinen roten Abzeichen in Frage. Bestimmte Tücher und Schuhe sind »in« und dürfen in keinem Schrank fehlen. Eine Bekannte erzählte mir einmal, dass sie fast einen Wutanfall bekam, als ihre vierzehnjährige Tochter die ganze Familie wegen eines bestimmten, sehr teuren Paares schwarzer Schnürschuhe verrückt machte. Nach langem Suchen wurden endlich die richtigen erstanden und die Tochter zog sie voller Stolz am nächsten Morgen für die Schule an. Doch die Mutter musste sich mit Entsetzen ansehen, wie ihre Tochter sich die Schuhe an der Hauswand mit Wucht abschabte. Von der Mutter darauf angesprochen, erklärte sie nur lapidar: »Mit so neuen Schuhen darf ich in der Schule nicht auftauchen!«
Beim Gruppenzwang hat Mode schon immer eine Rolle gespielt. Pubertät und Mode bzw. das Streben, auffallen oder den anderen gleich sein zu wollen, fallen immer zusammen. Mithilfe der Mode lässt sich vieles ausdrücken und nach außen signalisieren.

Die verschiedenen Modestile propagieren einen vermeintlichen Individualismus. In Boutiquen und Kaufhäusern werden die »Modevorschläge« appetitlich drapiert, so dass nur noch konsumiert werden muss. Irgendwann wird dieser Konsum dann zum Muss.

Eltern ist der Satz »Fast alle haben diese teuren Sachen ...« als Argument bei allen Diskussionen sehr vertraut. Doch Sie sollten diese vermeintlichen Tatsachen einmal genauer nachprüfen. Sie werden feststellen, dass es einige wenige gibt, auf die der Ausspruch tatsächlich passt, und alle anderen ebenso Kompromisse machen müssen. Nur das subjektive Empfinden der Kinder und Jugendlichen vermittelt Ihnen diesen Eindruck.

Es geht in diesem Punkt doch nicht um einen generellen Verzicht, sondern um ein Arrangement, das sinnvoll und machbar ist.

Großen Schaden richtet der Gruppenzwang im Cliquenwesen an. Hier werden meist erste Erfahrungen mit Zigaretten, Alkohol und ersten Einstiegsdrogen wie Marihuana oder Ecstasy gemacht. Nach dem Motto: »Alle machen da mit, dann wirst du doch nicht den Schwanz einziehen« oder »Sei doch kein Spielverderber und trink ein Schlückchen mit, dann gehörst du dazu!«
Gerade labile Menschen, die Probleme mit ihrem Selbstwertgefühl haben, einsam sind und endlich dazugehören wollen, schlagen diese Aufforderungen selten aus.
Im Sonderforschungsbereich »Prävention und Intervention im Kindes- und Jugendalter« der Universität Bielefeld wurde unter der Leitung von Prof. Dr. Klaus Hurrelmann eine umfassende Studie zu diesem Thema durchgeführt. Aus dieser Studie geht hervor, dass 25% der fünfzehnjährigen Jugendlichen, die in einer festen Clique engagiert sind, regelmäßig, d.h. wöchentlich oder täglich Wein, Sekt oder Bier konsumieren.

Das Trostpflaster

Meine Tochter brauchte, als sie noch kleiner war, bei jeder noch so kleinen Wunde ein Pflaster. Sie war damals sehr schmerzempfindlich und weinte schnell. Wir merkten bald, dass sie mit dem Anbringen eines Wundpflasters sofort ruhiger wurde. Es bewirkte weit mehr als nur die Wunde zu bedecken, denn es hatte auch einen psychischen Effekt. Das Kind wurde umsorgt, es wurde ernst genommen und die ganze Aufmerksamkeit galt ihm. Es gibt viele Arten von Trostpflastern.
Sei es eine Hausfrau und Mutter, die sich als Trost für einen Streit mit der Familie eine Schachtel Pralinen schmecken lässt oder ein Manager, der sich für einen misslungenen Vertragsabschluss ein Wochenende in den Bergen gönnt.

Trostpflaster haben das Ziel die Psyche wieder aufzurichten. Man tut sich, als Ausgleich für eine schlechte Erfahrung, etwas Gutes.
Doch es wird ebenso schnell verwechselt mit Ablenkung und Sublimierung. Menschen, die sich viele Ersatzbefriedigungen verschaffen, (z.B. »Mein Freund hat mich heute versetzt und ich bin deshalb traurig. Dann ess ich eben eine große Portion Eis!«) werden selten ihre eigentlichen Probleme lösen.
In mancher Familie werden aber gerade mit dieser Methode viele Frustrationen (Enttäuschung durch erzwungenen Verzicht oder Versagung) abgebaut.
Dies fängt schon im Kleinkindalter an. Es gibt Kinder, für die ihre Mütter schon vorweg »gut« sorgen, indem sie den ganzen Tag einen Dauerschnulli oder die Nuckelflasche im Mund haben. In vielen Fällen geht der Umgang mit diesem Trostpflaster weit über das Befriedigen von Durst und Nuckelbedürfnis hinaus. Es ist einfach bequem, dem quengeligen Kind im Kinderwagen einen Keks oder die Nuckelflasche zu reichen. Und es ist auch verständlich, dass sich Mütter manchmal etwas Ruhe von der oftmals anstrengenden Erziehungsarbeit verschaffen wollen. Doch beim Fernsehen und dem Videokonsum sollten trotz der verdienten kleinen Pausen das richtige Maß und ein bewusster, geregelter Umgang gepflegt werden.

Ein Dreizehnjähriger erzählte mir einmal, dass er sich sehr abgeschoben vorkomme. Seine Eltern hätten wenig Zeit für ihn. Sie würden gar nicht bemerken, dass er sie auch noch brauche. Der Junge wünschte sich mehr Zeit, Aufmerksamkeit und gemeinsame Gespräche. Jeder in der Familie ginge seinen eigenen Weg. Hobbies, gesellschaftliche Verpflichtungen und das elterliche Geschäft würden alle Gemeinsamkeiten unmöglich machen.
Doch eines hatte der Jugendliche zur Genüge: Geld und Freiheiten.

Immer, wenn er sich mit seinem Vater am Wochenende unterhalten wollte, bekam er einen Geldschein zugesteckt. Von seiner Mutter bekam er ebenfalls Geschenke. So stapelten sich Pullis, Baseballmützen und viel unwichtiger Kleinkram bei ihm.

Obwohl er genügend Geld und auch die Erlaubnis für Kino, Partys, Geschenke usw. hatte, fühlte sich dieser Junge schlecht, weil er die so dringend benötigte Aufmerksamkeit nicht bekam. Er fühlte sich ständig abgeschoben.

Eines der grundlegendsten und am weitesten verbreitetes Trostpflaster ist das Essen. Es ist immer und überall, selbst für kleine Kinder, leicht erreichbar und gehört zu unserem Leben und zur Gesellschaft wie die Luft zum Atmen.

Wer einmal eine Essenseinschränkung z.B. aus gesundheitlichen Gründen einhalten musste, realisiert erst, wie oft und zu welcher Vielzahl von Anlässen gegessen wird.

Pommes, Pommes, Pommes ...

Unser Körper braucht Nahrung – jeden Tag und von Beginn unseres Lebens an kontinuierlich. Die Nahrungsaufnahme stellt somit einen völlig natürlichen Prozess dar. Trotzdem und zum Glück verbinden wir mehr mit einer Mahlzeit als das Befriedigen eines Hungergefühles. Gerade das Essen birgt die vielfältigsten Facetten in sich.

Fast alle gesellschaftlichen Anlässe und Feiern schließen ein gemütliches, gemeinsames Essen mit ein. Nahezu alle Zeitschriften und Werbeblöcke im Fernsehen oder Radio machen Lebensmittel, Gerichte oder Süßwaren zum Thema.
Auch in Gesprächen dreht sich vieles ums Essen. Fragen wie »Was koche ich heute?«, »Wem schmeckt was?«, »Kennst du das schon?« und »Ich habe Hunger« bilden einen wichtigen Bestandteil der Gesprächskultur.
Hierher gehören auch die vielen Sprichwörter und Redewendungen zum Thema Essen. Denken Sie nur an: *Das Salz in der Suppe. Ist der aber süß! Liebe geht durch den Magen. Sage mir, was du isst und ich sage dir, wer du bist!*
Mara Selvini-Palazzoli[3] weist darauf hin, dass Säuglinge ihre ersten Erfahrungen mit Ernährung in ihrer Mutter-Kind-Beziehung beim Stillen, Füttern, Trösten usw. machen. Sie behauptet darüber hinaus Folgendes: Wenn das Stillen und Füttern durch die Mütter nicht eindeutig auf Hungersituationen bezogen seien und andere Tröstungssituationen nicht separat behandelt würden, entstehe eine Form oraler Kompensation. Einfacher formuliert: eine Ersatzbefriedigung über den Mund, vorzugsweise über das Essen.
Meiner Meinung nach geht diese These zu weit. Für Säuglinge sind das Stillen bzw. Füttern und Trösten ein- und dasselbe, ohne zur Ersatzbefriedigung zu werden.
Doch trifft diese These meiner Ansicht nach in Bezug auf spätere Zeiten, schon mit Beginn des Zufütterns, besonders aber im Kleinkindalter durchaus zu. Sicher entdecken viele Kinder und Eltern etwas Süßes oder das Fläschchen als einen Ersatz für im Moment nicht erfüllbare Wünsche und echte Bedürfnisse.
Das Nahrungsverhalten ist auch ein Spiegel für die Art und Weise, wie die einzelnen Familien mit Ernährungsfragen und Konsum umgehen.
Bestes Beispiel dafür sind die unter Umständen regelmäßigen und häufigen Besuche bei Fast-Food-Ketten. Ebenso die

Einstellung der Eltern zu herkömmlichen Süßigkeiten, gesunden Alternativen und Süßungsmethoden. Wird in der Familie eher auf ein schnelles Essen aus der Dose zurückgegriffen oder Vollwertkost zu sich genommen? Sitzt man gemeinsam und in Ruhe an einem liebevoll gedeckten Tisch? Oder isst jeder, wenn er nach Hause kommt, für sich seine im Mikrowellenherd aufgewärmte Portion?

Dabei zeigt sich sehr anschaulich, dass der gesellschaftliche Hintergrund, die mehr oder weniger schwierigen Lebens- und Zeitverhältnisse der Familien, der finanzielle Aspekt und die entsprechende Aufklärung im täglichen Ess- und Kochverhalten eine große Rolle spielen.

Nicht umsonst versuchen Krankenkassen mit Broschüren und Beratungsveranstaltungen auf dieses Problem aufmerksam zu machen. Leider sind die meisten Mittel hierfür gestrichen worden, so dass sich auch auf diesem Gebiet nicht mehr viel Neues entwickeln wird. Doch der Umgang mit Essen und Trinken verändert sich bei Kindern und Jugendlichen zunehmend.

Der Faktor »Zeit« grenzt schon morgens das Frühstück auf ein Brot im Stehen und eine eilig heruntergekippte Tasse Kaffee ein. Deshalb wird auf das »Was esse ich?« wenig Wert gelegt. Fröhliches Zusammensitzen und einen richtig gedeckten Tisch erleben viele Familien höchstens am Sonntag.

Trinken macht vielen nur dann Spaß, wenn es sich dabei um möglichst süße Sprudel und Säfte handelt. Etwas anderes wird schon von kleinen Kindern nicht angenommen. Aus Angst, ihr Kind könnte nicht genügend Flüssigkeit zu sich nehmen, versuchen nur wenige Eltern, diesem Kreislauf zu entkommen.

Ein wirklich interessantes Beispiel dafür, wie die Werbung auf die Käuferschar wirken kann, sind die »Iso-Drinks«. Selbst Erwachsene glauben, dass sie sich nach anstrengendem Sport mit diesem teuren, gestylten Designerdrink etwas Gutes tun. Ernährungswissenschaftler haben gezeigt, dass diese Getränke nur für den Hochleistungssportler sinnvoll sind und darüber hinaus auch einen hohen Zuckergehalt aufweisen. Essen und Trinken sind der Mode stark unterworfen. Man denke nur an die Mode-Kneipen und die entsprechenden Restaurants. Berühmte Fast-Food-Ketten stehen besonders bei Teens hoch im Kurs. Dort spielt unter einigen weiteren Aspekten das Essen schon fast eine untergeordnete Rolle. Viele Jugendliche schätzen die moderne, lockere Atmosphäre, bei der auf Regeln oder Einschränkungen weitestgehend verzichtet wird.

Ingo (fünfzehn Jahre) meint dazu: »Hier kann man sich treffen, hier ist ein gutes Feeling, ich bin mit meinen Kumpels alleine und keine Erwachsenen meckern. Sind sowieso fast nur Junge da! Man kann miteinander was essen, auch wenn mal wenig Zeit ist. Na, und dann kostet es doch nicht mal so viel. Am liebsten esse ich sowieso Pommes mit Ketchup!«

Ob Pommes oder Lachs mit Kaviar, Essen ist nicht nur Nahrungsaufnahme, es ist auch ein Konsumgegenstand. In der Kindheit werden die Grundlagen für das spätere Nahrungsverhalten gelegt.

Deshalb sollten Berufspädagogen und Eltern auf einen möglichst praxisnahen, gesunden und positiven Umgang mit Nahrung und Mahlzeiten hinarbeiten. Institutionen wie z.B. Kindertagesstätten sollten versuchen, trotz des täglichen »Kantinenessens« einen »Selbstkochtag« einzuführen, an welchem die Gruppe selbst planen und sich versorgen kann.
Zu Hause bieten sich ebenso viele Möglichkeiten, auch bei berufstätigen Eltern und schulgestressten Kindern, eine gemeinsame, besondere Mahlzeit einzuführen, an der alle Familienmitglieder beteiligt sind. Wenn Kinder mit ihren und für ihre Eltern kochen, kann sich von Anfang an ein viel natürlicherer und begeisterter Umgang mit dem Essen und den Mahlzeiten entwickeln, denn die Nahrungsaufnahme steht erst am Ende einer längeren Aktionsphase.
Unsere Kinder waren immer sehr stolz auf ihr Können und die neu erfahrene Selbständigkeit. Der schönste Nebeneffekt war jedoch, dass sie engagiertere Esser waren, die nicht gleich meinten: »Das mag ich nicht!«

Wenn Sie sich mit diesem Thema noch etwas praxisnaher auseinander setzen wollen, möchte ich Ihnen folgende Broschüren von Krankenkassen (kostenlos) und Bücher empfehlen:

Wenn der Hefeteig spazieren geht... und andere Geschichten über das Essen. Diese Broschüre ist für das Vorschulalter geeignet und richtet sich an Eltern und Pädagogen. Sie ist mit praktischen Ideen für die Kinder angereichert und enthält kleine theoretische Abschnitte.[4]

Iss was? – Über Essen, Trinken und alles, was euch sonst noch interessiert! Ein Magazin für Kinder und Jugendliche, das fetzig aufgebaut, illustriert und geschrieben ist und aktuelle Probleme ohne erhobenen Zeigefinger aufgreift. Theorie und Praxis werden poppig miteinander verknüpft (siehe Anmerkung 2).

Nudeln, Pommes – und was sonst? Ein Buch von Iris Schürmann-Mock über den (besseren) Umgang mit der eigenen Ernährung. Dazu viele sinnliche, lustige, leckere Rezepte und kreative Ideen, mit Kindern und für Kinder zu kochen.[5]

Schöne neue Spielzeugwelt

Spielzeug ist neben der Nahrung das erste wirkliche Konsumgut, das Kindern zugeführt wird. Bereits im geringen Alter von ein paar Tagen werden ins Säuglingsbettchen kleine Plüschtiere und Rasseln gelegt.
Viele aufgeschlossene Eltern und Verwandte meinen es mit einer Vielzahl von entwicklungsförderndem Spielzeug nur gut. Doch wenigen fällt dabei auf, dass sich Säuglinge und Kleinkinder hervorragend mit (kindersicheren) Dingen des täglichen Lebens beschäftigen können. Eltern werden bestätigen, wie gerne ihr Kind – sofern es an diese Dinge

herankommen durfte – mit Wäscheklammern, Kochtöpfen und Rührlöffeln spielte. Sogar Großmütter, die dieses einfache Spielzeug alle noch in früheren, wirtschaftlich schweren Zeiten anboten, kaufen ihren Enkeln lieber Fertigspielzeug. Warum greifen wir so schnell zu diesen Dingen? Ganz sicher ist ein industriell hergestelltes Spielzeug schnell gekauft, zumal es immer eine gut geschulte Verkäuferin gibt, die den Ratsuchenden zur Seite stehen kann, um Ideen und Ratschläge zu geben. Bei den Käufern hat die Werbung in Elternzeitschriften und im Fernsehen wahre Wunder gewirkt, so dass sie auf deren »fachmännisch-pädagogisches« Wissen vertrauen.
Mancherorts wird Selbstgebasteltes wieder sehr geschätzt. Vielleicht haben einige Leute Angst, sich mit eigenen Ideen zu blamieren oder Erwartungen anderer zu enttäuschen.
Wie aber sieht die Spielzeugwelt eines Kindes heute aus? Zu einer Vielzahl von Anlässen werden Kinder in unserer Zeit mit Spielzeug beschenkt. Da sich die meisten »modernen Eltern« das Überhäufen mit Süßigkeiten aus gesundheitlichen Gründen verbitten, bleibt für Großmütter, Bekannte, Paten, Gäste, Freunde usw. nur die Alternative, Spielzeug zu verschenken.
Doch leider wird dabei nicht immer auf das Alter, die Interessen und den wirklichen Bedarf eines Kindes bzw. Jugendlichen geachtet.

Drei Aspekte sind in Bezug auf das Verschenken und Konsumieren von Spielzeug zu bemerken: Viel zu früh! Viel zu viel! Viel zu schnell!

Ich möchte damit zum Ausdruck bringen (diese Erkenntnisse habe ich an mir selbst, meinen Kindern sowie bei jahrelangen

Beobachtungen im Kindergartenbereich erworben), dass Kinder und Jugendliche oft mit Geschenken überhäuft werden, die ihrem Alter und ihrem momentanen Entwicklungsstand nicht entsprechen.
So geschieht es, dass ein Dreijähriger vor seiner elektrischen Autorennbahn steht und im Prinzip nicht mit ihr spielen kann. Ein kleines Steckauto hätte seinen Bedürfnissen schon genügt.
Eltern und Verwandte, die es wirklich nur gut gemeint haben, stehen plötzlich vor der Enttäuschung, dass ihr Sprössling mit dem neuen, schönen Spielzeug kaum spielt. Keiner von ihnen versteht so recht, warum das so ist.
Warum braucht ein Kind fünf Puppen, warum benötigt die Lieblingspuppe ein Bett, einen Hochstuhl, einen Puppenbuggy und einen Puppenwagen? Warum bekommt ein Kind zur Puppe gleich fünf Kleidungsstücke noch dazu? Würde es sich über eine neue Puppe und nur ein Kleidungsstück weniger intensiv freuen? Oder hätten die Schenker dann das Gefühl, ihre Liebe nicht ausreichend genug demonstriert zu haben?
Es gibt viele Kinder und Jugendliche, die einen Wunsch, eine Laune oder Idee nur einmal auszusprechen brauchen und schon wird sie umgesetzt. Doch lohnt es sich, bei solchen vermeintlich inbrünstigen Wünschen eine Zeit lang abzuwarten. Bleibt der Sohn oder die Tochter auch nach zwei Wochen noch dabei? Handelt es sich um einen kurzen Spleen oder ein wirkliches Interesse? Wenn man die Ausdauer eines Kindes ein bisschen auf die Probe stellt, kann man sehr gut herausfinden, welche Wünsche Bestand haben und bei welchen es sich um Eintagsfliegen handelt. Sie kennen das sicherlich von sich selbst. Die lang ersehnten, hart erkämpften Dinge waren immer die, zu denen man einen sehr engen Bezug hatte.
Es macht sich in der Spielwelt des Kindes eine ansteigende Tendenz bemerkbar: Es gibt immer weniger Spielpartner und Geschwister, dafür aber voll gestopfte Kinderzimmer. Dies

ist auch das Ergebnis einer Entwicklung in der Spielzeugindustrie. Für fast alle Bereiche wird eine Grundausstattung angeboten, die dann von einem System von Ergänzungsprodukten vervollständigt wird. Dazu zwei Beispiele:
Die berühmte Barbie gab es zu Anfang mit einigen wenigen Kleidungsstücken und Accessoires. In der Zwischenzeit sind Häuser, Autos, Wohnmobile, Hunde, Pferde usw. hinzugekommen.
Ein Kind wird sich nie mehr selbst aus der eigenen Phantasie heraus ein Haus aus Pappkartons oder Kleidung aus Taschentüchern basteln, wenn es diese Fülle an Zubehör besitzt.
Lego/Playmobil/Eisenbahnen usw.: Nahezu für jedes Konstruktionsmaterial oder Kombinationen aus Konstruktionsmaterial und Rollenspielmännchen (z.B. Playmobil) gibt es ein raffiniert ausgeklügeltes System an Erweiterungsmöglichkeiten. Durch entsprechende Beipackwerbezettel bekommen Kinder schnell den Eindruck, ohne das eine oder andere Zubehör niemals so schön spielen zu können wie z.B. das Nachbarskind, das all das schon besitzt.
Inzwischen gibt es Eltern, die große Probleme mit den gesteigerten Wünschen ihres Nachwuchses haben. Und wiederum andere Familien, in denen die Kinder dadurch hervorstechen, dass sie bereits keine materiellen Bedürfnisse mehr haben. Ihnen wird alles zu Füßen gelegt, bevor sie überhaupt an diese Wünsche gedacht haben.
Immer mehr Antriebslosigkeit oder Spielstörungen machen sich in unseren Kinderzimmern breit. Ein wesentlicher Faktor dafür ist die manchmal erdrückende Fülle und Angebotsvielfalt der Spielzeugkisten.
Alles ist schon ausgeklügelt und erfunden – wo bleiben da noch kindlicher Erfindungsgeist, Phantasie und Spielfähigkeit?

Wenn Konsum zur Sucht wird

Bisher war von verschiedenen Problemen die Rede, die in unserer Gesellschaft bei Erwachsenen und Kindern mit den unterschiedlichen Möglichkeiten des Konsums auftreten können.

Doch für viele Eltern und Pädagogen stellt sich in ihrem Alltag mit Heranwachsenden immer häufiger das Problem des zwanghaften Konsums, sprich einer Sucht.

Was ist Sucht? »... bezeichnend für Sucht ist, dass zu den grundlegenden persönlichen, mitmenschlichen und sozialen Schwierigkeiten süchtige Verhaltensweisen und gegebenenfalls die Abhängigkeit von einzelnen oder mehreren Suchtmitteln hinzukommen.

Der Versuch, Probleme auf diese Weise zu bewältigen, führt zunehmend selbst in eine Sackgasse. Denn der Begriff Sucht beschreibt ein ganz bestimmtes Verhalten: das zwanghafte Verlangen, immer wieder und immer öfter Drogen (bzw. Sucht- oder Konsummittel, Anm. der Autorin) einzunehmen, oder aber den unwiderstehlichen Drang, eine Handlung zu wiederholen, die ein bestimmtes Lustgefühl hervorruft und Unlustgefühle vermeidet...«[6]

Anders formuliert: Ein Mensch, der kein Vertrauen in sich selbst und Schwierigkeiten im Umgang mit den eigenen Gefühlen hat, kann dazu übergehen, die Lösung seiner Probleme in Ersatzbefriedigungen zu suchen.

Nun wird z.B. ein langjähriger Raucher sicher meinen, dass er keiner Sucht frönt, sondern eher einer langjährigen Gewohnheit nachgeht. Doch zwischen Sucht und Gewohnheit gibt es einen entscheidenden Unterschied:

»Gewohnheit« ist eine sich öfters oder auch weniger oft wiederholende Tätigkeit, die man jedoch ohne Probleme wieder einstellen kann.

»Sucht« bzw. »Abhängigkeit« tritt auf, wenn eine Gewohnheit nicht mehr problemlos unterlassen werden kann. Hierbei spielen drei Aspekte eine Rolle:

a) Die geistige Abhängigkeit
Die Person fühlt sich in ihrem Denken gezwungen, ein Konsumgut zu gebrauchen, um sich wohl zu fühlen.

b) Die körperliche Abhängigkeit
Davon kann man sprechen, wenn bei Absetzen eines Konsummittels eine Krankheit einsetzt. Das heißt, der Körper braucht das Mittel so sehr, dass Entzugserscheinungen auftreten (z.B. bei Drogen-, Alkohol- oder Tablettenmissbrauch).

c) Die Gewöhnung an ein Suchtmittel
Der Körper einer abhängigen Person braucht irgendwann immer mehr von dem entsprechenden Konsummittel, um eine einigermaßen akzeptable Ausgeglichenheit und erneutes Wohlbefinden zu erzielen.

Auf der einen Seite haben Eltern wegen der manchmal extremen Konsumgewohnheiten ihrer Kinder keine Bedenken. Auf der anderen Seite ist die Angst, das eigene Kind könnte einer Sucht »verfallen«, riesengroß. Vor allem auch, weil sich die Medien diesem Thema in der letzten Zeit besonders annehmen.
Zu dem Begriff »Sucht« stellen sich bei uns sofort Bilder von Rauschgiftsüchtigen oder hoffnungslos betrunkenen Jugendlichen ein. Doch die Realität beginnt viel weniger spektakulär und umfasst Situationen, die unsere Gesellschaft zum Teil als normal empfindet oder nicht ausreichend beachtet.

Es gibt keinen typischen Süchtigen! Suchtwege und -entwicklungen sind individuell verschieden!

Man spricht von »stoffgebundenen Süchten« (z.B. Drogen, Rauchen, Alkohol, Designerdrogen usw.) und »nichtstoffgebundenen Süchten« (z.B. Spielsucht, Magersucht, Kaufsucht ...). Manche Suchtmittel wurden bereits in unsere Gesellschaft aufgenommen, sie sind deshalb legal. Andere Drogen werden nicht akzeptiert, ihr Genuss wird sogar verfolgt. Man bezeichnet sie als illegal.
Die Entstehung und Entwicklung von Konsum- und Suchtverhalten wurde bereits im ersten Kapitel besprochen. Um Eltern und Berufspädagogen wenigstens einige Anhaltspunkte und grundsätzliche Informationen über die existierenden Süchte zukommen zu lassen, habe ich die folgende Aufstellung der verschiedenen Suchtformen erarbeitet.

Walkman, Cola und Co.

Glauben Sie nicht, Ihr Kind könnte nur von Drogen abhängig werden! Wie schon erwähnt, gibt es viele Konsummittel in unserer Gesellschaft, die gar nicht als gefährlich erkannt werden. Im Prinzip ist es auch nicht schlimm, einen Walkman auf dem Kopf, in der Hand eine Dose Cola und einen Comic vor der Nase zu haben, solange das nur Phasen sind.
Für manch einen Jugendlichen aber wäre das Leben »ohne« nicht mehr lebenswert. Genau da setzt die Überlegung, ob diese Gewohnheiten nicht genauer betrachtet werden sollten, an.
Wofür werden Walkmans benutzt? Ich habe sie bei Kindern schon im Einsatz gegen Langeweile, als Babysitter (wenn die Eltern gerade keine Zeit haben), zum Ruhigstellen, zum Einschlafen, als Geschichten- und Bilderbuchersatz usw. gesehen. Kassettenhören beruhigt das Gewissen der Bezugspersonen, denn es ist die harmlosere(?) Variante zum Fernsehen. In der Zwischenzeit hantieren Kinder nicht nur mit

Kassetten, der Trend geht weiter zum eigenen CD-Player. Selbstverständlich eröffnet sich dem kindlichen Wunsch nach Geschichten aus der Konserve ein gewaltiges Konsumfeld.

Da gibt es z.B. ca. 100 Folgen von einer Ihnen sicher bekannten Hexe, die vor allem Mädchen fasziniert. Auch für ältere Kinder bringen Produzenten genügend Folgen von spannenden Detektivgeschichten und Weltraumabenteuern auf den Markt.

Für Jugendliche bietet der Walkman gezielte »Ausstiegschancen«. Astrid von Friesen schreibt in ihrem Buch *Geld spielt keine Rolle* »Gesucht wird von den Benutzern eine Aufhellung der Gefühle. Doch dies funktioniert nur solange, wie das Hör-Erlebnis vorhanden ist. Die enorme Intensität des Hörens direkt am Ohr, quasi ohne Neben- und Störeffekte, kann als Überflutung beschrieben werden und wird von Benutzern als Bewusstseinserweiterung wie beim Drogenkonsum charakterisiert.«[7]

Das übermäßige Hören über Walkman macht mit der Zeit passiv und ist einseitig. »Folgeschäden« können sein: Das Verarmen der sozialen Kontakte und das Erleben von zwei verschiedenen Welten, die parallel zueinander ablaufen (der Walkmankonsument hört seine Musik und erlebt dabei seine eigene Welt, sieht aber die »Außenwelt« ohne Ton und eigene Beteiligung aus einer ganz und gar irrealen Perspektive). Viele Kinder und Jugendliche flüchten vor der Einsamkeit oder beugen einem Ansprechen von außen vor, indem sie nur noch mit dem »Knopf im Ohr« durch ihr Leben gehen.

Dasselbe gilt für Heranwachsende, die den ganzen Tag nur noch in ihre Comics – eine extreme Scheinwelt – und andere Zeitschriften vertieft sind. Etwas anderes kann sie nicht mehr interessieren, da sie über ihren Horizont nicht mehr hinausschauen können. Wenn man dann zu diesen zwei Faktoren noch an die stark zuckerhaltige, beruhigende, aber doch aufputschende »Nuckelflasche« Cola denkt, muss ich sofort an das Bildnis von den drei Affen denken. Der eine hört nichts, der zweite sieht nichts und der dritte kann nichts sagen.[8] So können sie keinesfalls ihre eigene Person darstellen oder entwickeln. Ist dieses Bildnis übertragbar? Oder übertrieben?

Was würden Sie tun?
Nehmen wir einmal an, Sie hätten einen Sohn oder eine Tochter, der/die Ihnen nur noch mit einem Walkman auf dem Kopf begegnet. Würden Sie nicht erst einmal abwarten, ob sich das Ganze wieder legt? Würden Sie sich über diese Unhöflichkeit ärgern? Oder würde es Sie einfach nur stören, dass man ihm/ihr nie etwas sagen kann?
Vielleicht kann ein Gespräch, wie man sich als Gegenüber fühlt, der Einstieg in ein tieferes Gespräch zu diesem Thema sein. Mit Kindern und Jugendlichen, die ohne Walkman nicht mehr sein können, ist es sicher notwendig, etwas ausführlicher zu reden und auch die eigenen Bedenken zu erklären. Es kann sein, dass sich ganz natürlich die Frage ergibt, wie man einem übermäßigen Konsum entgegenwirken kann.
Ich denke, auf welche Weise auch immer die einzelnen Personen einer Familie reagieren, solange die Basis und das Interesse für ein gemeinsames Gespräch vorhanden sind, können alle Beteiligten mit einer solchen oder anderen Situation umgehen.
In Bezug auf das Kassettenhören, Comiclesen und Colatrinken gilt auch hier die Devise:

Weniger ist mehr!

Fernseher, Computer, Videospiele und Internet

Fernsehen:

In einer Studie wurde folgender Fernsehkonsum festgestellt: Kinder bis drei Jahre sitzen im Durchschnitt 13 bzw. 33 Minuten (mit Kabelanschluss) täglich vor dem Fernseher.

Die Altersgruppe der Vier- bis Sechsjährigen schaut täglich 52 bzw. 87 Minuten (mit Kabel) ins Programm und die Sieben- bis Neunjährigen verbringen 81 bzw. 113 Minuten (mit Kabel) vor der »Kiste«.[9]

In den Fachbüchern und den verschiedensten Aufklärungsbroschüren wird weniger von einer Fernsehsucht als von Vielsehern gesprochen. Als Vielseher wurden schon 1985 Kinder und Jugendliche bezeichnet, die im Durchschnitt mehr als zwei Stunden täglich fernsehen. In einer solchen Familie gibt es kaum einen Tag ohne Fernsehen.

Über dieses Thema und die verschiedensten Ursachen gäbe es vieles zu berichten. Da es den Rahmen dieses Kapitels sprengen würde, seien stattdessen im Anhang einige Informationsbroschüren empfohlen.[10]

Vielseher – eine besondere Problematik:

Fernsehen beeinflusst und erweitert das Erleben und Verhalten der Kinder auf unterschiedlichste Weise.

Eltern sprechen gern von einem »Bildungseffekt, so nebenbei«. Dabei ist zu beachten, dass dies lediglich »Second-Hand-Informationen« aus einer künstlichen Welt sein können, die man nur mit begrenzten Sinnen (Sehen und Hören) aufnehmen kann. Zwischen dem Erlebnis, auf einem Spaziergang eine Mausefamilie samt Schlupfloch zu beobachten, und dem Fernseherlebnis, eine Tiersendung zu diesem Thema zu sehen, liegen Welten.

Sehen, hören, schmecken, tasten, riechen, untersuchen, beraten, erklären – das sind die echten und wahren Formen des Lebens und Lernens. Sie werden aktiv vollzogen und am besten in Gemeinschaft. Fernsehkindern wird nur ein kleiner Ausschnitt aus dem Fenster zur Welt eröffnet.

Gewaltdarstellungen und Bildinhalte, die nicht altersgemäß sind, stellen ein großes Problem für Eltern dar, wenn die Kinder die Programme selbst wählen. Für viele ist es schon aus zeitlichen Gründen nicht möglich, den Fernsehkonsum ihrer Kinder zu verfolgen und zu kontrollieren. Die Fachgruppe Bundespolizei der Deutschen Polizeigewerkschaft empfiehlt Eltern, die ihre Kinder vor Gewaltdarstellungen und Pornoszenen schützen wollen, einen so genannten TV-Sheriff. Hierbei handelt es sich um eine spezielle Sicherung, die an die Scart-Buchse des Fernsehers angebracht wird und bei nicht jugendfreien Filmen Bild und Ton abstellt.[11]
Die Verdrängung von persönlichen Kontakten in der Familie und der gesamten Gesellschaft ist ein weiteres Problem. Tatsache ist, dass Kinder und Jugendliche, die täglich eine bestimmte Zeitspanne vor dem Fernseher sitzen, währenddessen keinen anderen Aktivitäten wie z.B. Spielen, Malen, Basteln, in der Natur sein, Sport treiben usw. nachgehen können. Der Kontakt zur Außenwelt ist damit stark eingeschränkt.
Dies führt, je nach Fernsehdauer, allmählich zu einer Zerstörung des familiären Klimas und zu einem Verlust der Kreativität und Phantasie. Außerdem zu einer Reduzierung der Fähigkeit, soziale Kontakte herzustellen und aufrecht zu erhalten.

Wie schon ausführlicher beschrieben, leidet jedes vierte Vorschulkind in Deutschland unter Sprachstörungen. Die Deutsche Gesellschaft für Sprachheilpädagogik wies 1996 auf einer Fachtagung in Münster darauf hin, dass der rasant gestiegene Fernsehkonsum und die Abnahme von Gesprächen innerhalb vieler Familien zu diesen Defiziten führen.
Ebenso kann ein aggressives Verhalten der Heranwachsenden verstärkt werden. Es ist dabei zu überlegen, ob der Medienkonsum allein bedingungslos aggressiv macht. Vielleicht unterstützt dieser nur ein gesellschaftliches Problem unserer Zeit.
Sicher beeinflusst die gewählte Fernsehsendung bei ständiger Wiederholung die Interessen der Kinder. Ein Heranwachsender, der häufig Sience-Fiction-Serien und »Power Rangers« sieht, wird dies in seine Spielwelt mit aufnehmen und unter Umständen so darin verhaftet sein, dass andere Themen wenig Platz in seinem momentanen Leben haben.
Die Werbung spielt dabei eine ganz besondere Rolle. Da sich die Werbeindustrie verstärkt auf die zukünftigen und einflussreichsten Kunden – die Kinder – spezialisiert hat, wird ohne eigene Einflussnahme ein Großteil der kindlichen Normen und Werte, Vorbilder und Verhaltensweisen gesteuert. Mit Einsetzen der Werbung werden Kinder erst zu Konsumenten. Bestes Beispiel hierfür ist der Basketballboom in Deutschland. Noch vor einigen Jahren interessierte sich kaum ein Jugendlicher hierzulande für diese Sportart. Amerikanische Sportartikelhersteller entdeckten den deutschen Markt und schalteten zielgruppengerichtet etliche Werbeeinblendungen auf *MTV* und *Viva.* Das Geschäft läuft prima, der Boom ist entfacht.
Vorschulkinder nehmen Werbung ungefiltert auf. 37% aller Vierjährigen (nach einer Studie des Landesamtes für Rundfunk in Nordrhein-Westfalen) nehmen keinen Unterschied zwischen der Werbung und dem laufenden Fernsehprogramm wahr! Erst ab dem siebten Lebensjahr verstehen Kinder langsam, was Werbung eigentlich von ihnen will.

In einer solch glitzernden, tollen, perfekten Werbe- und Medienwelt ist es nicht verwunderlich, dass die Entwicklung des Selbstwertgefühles längerfristig beeinträchtigt werden kann.
Mögliche körperliche Beeinträchtigungen sind bei Vielsehern Augenschäden, Kopfschmerzen, Haltungsschäden, Kreislauf- und Verdauungsstörungen sowie nervliche Überbeanspruchung und Schlafstörungen. Darüber hinaus sind Fernsehkinder oft ängstlich, da sie häufig mit Bildinhalten konfrontiert werden, die sie überfordern. Dazu gehören auch Kontaktängste.
Was also tun? Kinder werden vom Fernseher magisch angezogen. Daher wäre es genauso falsch, sie unter Druck und mit Streit von diesem Medium fern zu halten. Sie brauchen die Möglichkeit, einen richtigen und sparsam dosierten Konsum zu erlernen. Wird ihnen das Fernsehen ganz verboten, kann das Gefühl einer Benachteiligung gegenüber anderen Kindern entstehen. Heranwachsende lieben Fernsehabenteuer, Zeichentrickserien oder Musiksendungen. Deshalb ist es für sie kein Problem »fremd zu sehen«, bei Freunden, Nachbarn usw.

Eltern sind – wie in den meisten Fällen – das beste Vorbild. Sie können ihren Kindern zeigen, wie bewusst sie für sich und gemeinsam mit der Familie entscheiden, ob, warum und was sie sehen wollen!

Computer- und Videospiele:
Für manchen Computerfreak ist es nichts Außergewöhnliches, am Wochenende erst in den Morgenstunden ins Bett

zu gehen. Wieder einmal ist man (die meisten jugendlichen Anwender sind männlich) einfach nicht losgekommen von den vielen Möglichkeiten, die sich einem bieten.
Dabei werden nicht nur die Arbeitsmöglichkeiten genutzt, stundenlanges »Hängenbleiben« entsteht eher bei den unzähligen Computerspielen. Von diesen Spielen kann man richtig »süchtig« werden. Auch bei Computer- und Videospielen verschwindet der Spieler in einer Scheinwelt. Jenseits der alltäglichen Realität werden Autorennen gefahren, Außerirdische bekämpft und Abenteuer bestanden ... Es sind die Suche nach Erfolgserlebnissen und die Faszination an der perfekten Technik, durch die der Spieler häufig jegliches Zeitgefühl verliert. Ständig versucht er, die nächste Stufe zu erreichen, ein neues Rätsel zu lösen. Das Spiel wird oft erst bei totaler Erschöpfung oder Müdigkeit beendet.
Im Prinzip sollte vor jedem Spiel ein fester Zeitrahmen festgesetzt werden. Wird dieser des Öfteren überschritten und der Spieler kann, obwohl er es eigentlich will, nicht aufhören (nur noch ein Spiel ...), ist das durchaus schon ein suchtähnliches Verhalten.
Glücklicherweise wird ein Spiel im Gegensatz zu anderen Suchtmitteln nach einer gewissen Zeit langweilig. Das suchtähnliche Verhalten hört auf, bis das nächste gute Spiel auf den Markt kommt.
Natürlich haben Computer- und Videospiele auch ihre positiven Seiten. Bei Strategiespielen wird logisches Denken gefördert. Andere Spiele verbessern die Konzentrationsfähigkeit und Reaktionszeit. Ein Sportspiel kann, vor allem in der Gruppe, einen Riesenspaß machen.

Solange diese Spiele maßvoll betrieben werden, können sie durchaus eine Bereicherung für den Alltag sein.

Internet:

Obwohl die Forschung über die Suchtgefahren, die das Internet birgt, noch in den Kinderschuhen steckt, liegen die ersten Studien vor. Alles deutet darauf hin, dass auch die exzessive Nutzung des Internets zur psychischen Abhängigkeit führen kann. Die betroffenen Personen können sich der Faszination dieses Mediums nicht mehr entziehen. Es können zu fast jedem Thema unendlich viele Informationen abgerufen werden. Man unterhält sich mit Gleichgesinnten, versendet e-mails, spielt Spiele miteinander oder schaut bei irgendeinem Sexanbieter hinein.

Der Online-Abhängige verliert jegliches Zeitgefühl, er vernachlässigt soziale Kontakte, Schule oder Arbeit. Die reale Welt wird bedeutungslos. Es geht ihm nur noch darum, möglichst viel Zeit im Internet zu verbringen.

In den USA existieren bereits erste Selbsthilfegruppen für Internetabhängige.

Grundsätzlich gilt für den Konsum von Internet, Fernsehen sowie Computer- und Videospielen: All diese Medien haben ihre Daseinsberechtigung, sie können Spaß machen und den geistigen Horizont erweitern. Trotzdem sollten sie nur einen geringen Teil der Freizeitgestaltung ausmachen. Reale Erlebnisse sind für das Leben viel wichtiger als das Eintauchen in diese Scheinwelten.

Ess-Störungen

Beginnen wir an einem Fallbeispiel mit der ganz »harmlosen« Süßigkeitensucht:

Kathrin isst gerne Süßigkeiten. Das wissen alle um sie herum. Deshalb fällt nachmittags, wenn die Mutter noch arbeitet und sie bei der Großmutter ist, meist etwas Leckeres für sie ab. Auch abends möchte ihre Mutter sie mit kleinen Naschereien ein bisschen verwöhnen. Natürlich weiß die Mutter nicht, dass ihre Tochter fast ihr gesamtes, großzügig bemessenes Taschengeld für Süßigkeiten, Gebäck und Schokolade ausgibt.

Erst als Kathrin immer dicker wird, werden die Eltern auf ihren Süßigkeitenverbrauch aufmerksam. Lange Zeit konnte sie diese »Schwäche« vor den Bezugspersonen verbergen, denn sie wollte auf keinen Fall eine Einschränkung dieser stillen »Genüsse«. Selbst Kathrin ist klar, dass sie Süßigkeiten braucht, wenn sie einsam ist, es ihr irgendwie schlecht geht oder wenn sie Langeweile verspürt ...

Nach einiger Zeit erkennen die Eltern, dass der andauernde starke Konsum von so vielen Süßigkeiten nicht normal ist. Doch Gespräche in der Familie bleiben meist ohne folgende Konsequenz, denn viel zu viele unterschiedliche Faktoren spielen mit.

Bei der Ernährungsberatung ihrer Krankenkasse erfahren die Eltern, wie sie das Problem zusammen mit Kathrin angehen können. Wichtig dabei ist: Alle müssen mitmachen und an einem Strang ziehen, sonst schaffen es Kathrin und ihre Familie nicht. Dabei hilft ihnen, dass sie auf Anraten der Ernährungsberatung ihrer Tochter nicht von heute auf morgen alle Süßigkeiten verbieten müssen (rigide Kontrolle), sondern eine flexible Kontrolle anstreben.

Dazu ein Beispiel: Das Kind bekommt für die kommende Woche eine Tafel Schokolade, die gemeinsam auf die folgenden Tage eingeteilt wird. Jeden Tag darf es sich ein Stück Schokolade genehmigen. Auf diese Weise wirkt man einem »Nachholverhalten« oder »Heißhunger« entgegen. Die Methode ist viel effektiver als ein rigider Verzicht, der früher oder später durchbrochen wird.

Es kann sein, dass das Kind auf diese Möglichkeit des gemeinsamen Vorgehens anspricht und es ihm nicht schwer fällt, im Familienverband durchzuhalten. Doch da wären immer noch die Außeneinflüsse wie der Schulkiosk, Freunde, Geburtstagsfeiern usw. Sicher sind dies schwere Versuchungen, die alten Gewohnheiten wieder aufzunehmen.

Manchem Kind helfen alle praktischen Ideen nicht, wenn die Sucht auf tieferliegenden Ursachen basiert. Ernsthafte psychische Probleme wie z.B. ein gestörtes Selbstwertgefühl, fehlendes Urvertrauen, ein milieubedingtes schwieriges Umfeld und vieles mehr können der Grund sein.

Wenn die Ursache »nur« in zu wenig Aufmerksamkeit und Zeit der Eltern liegt, sollte diese leicht zu beheben sein. Doch in den anderen oben genannten Fällen sind Eltern auf professionelle Hilfe, das heißt auf die örtlichen Erziehungsberatungsstellen angewiesen.

Da Beratungsstellen und andere Anlaufstellen in den folgenden Abschnitten immer wieder vorgeschlagen werden, möchte ich für Eltern folgenden Tipp aus einer Elternbroschüre der Bundeszentrale für gesundheitliche Aufklärung (BZgA) zum Thema *Kinder stark machen – zu stark für Drogen*[12] zitieren.

»Die Angst davor, von Bekannten gesehen zu werden, abgestempelt zu werden und ins Gerede zu kommen, hindert viele Eltern daran, Hilfe in einer Beratungsstelle oder Selbsthilfegruppe zu suchen. Wenn es den ersten Schritt erleichtert, sollten Ratsuchende eine Beratungsstelle in der Nachbarstadt aufsuchen. Das erhöht das Gefühl der Anonymität.«

Aus langjährigen Erfahrungen in meinem Beruf als Erzieherin und auch als Mutter weiß ich, wie schwierig es für die Eltern ist, von Problemen ihres Kindes zu hören und darüber hinaus auch noch aufgefordert zu werden, sich Hilfe zu holen.
Lassen Sie diese Überlegungen auf sich wirken, sprechen Sie zu Hause noch einmal in Ruhe mit Ihrem Partner und je nach Situation und Alter auch mit Ihrem Kind. Aus eigener Erfahrung kann ich allen nur Mut machen, sich Hilfe zu holen, denn man bekommt für sich und seine Familie über die aktuelle Problemlösung hinaus noch mehr mit auf den Weg.

Man erhält das Handwerkszeug, problematische Situationen mit der Zeit selbst zu bewältigen, und man bekommt einen tiefen Einblick in die Ursachen und Zusammenhänge.

Ess-Sucht:
Im Prinzip hatte oder hat jeder von uns schon einmal ein etwas gestörtes Essverhalten. Seien es die üblichen Frühlingsdiäten, das Gefühl, etwas zu viel Speck auf den Rippen zu haben, Feiertage, an denen wir viel zu viel in uns hineingestopft haben, Süßigkeitenheißhunger oder eine extreme zeitweilige Vorliebe für bestimmte Lebensmittel.
Doch was ist normal, was ist gestört und was süchtig? Die Übergänge sind hier fließend.
Ess-Störungen können in manchen Fällen zu einem süchtigen Essverhalten führen.
Äußerlich erkennt man Ess-Süchtige an ihrem Übergewicht. Doch nicht alle Übergewichtigen sind ess-süchtig!
Besonders Frauen zwischen der Pubertät und dem 50. Lebensjahr scheinen davon betroffen zu sein, wobei die we-

sentlich geringere Zahl der männlichen Ess-, Brech- oder Magersüchtigen zunimmt.
Menschen mit diesem Problem empfinden ihr Essverhalten und ihr Körpergewicht als etwas Unkontrollierbares und gegen Sich-selbst-Gerichtetes. Ess-Süchtige schämen sich ihrer Unfähigkeit, sich zu beherrschen. Sie versuchen, ihr Essverhalten zu verbergen, und betrachten ihren Körper als einen Feind. Gewichtsschwankungen sind wegen der andauernden Diäten und Rückfälle typisch. Dieses Dilemma hat seelische und soziale Folgen.
Dicksein verbindet sich in unserer Gesellschaft mit dem Image »faul, träge und unbeherrscht«, Dicke werden diskriminiert. Durch dieses eher abweisende Verhalten der meisten Leute haben Übergewichtige Hemmungen, Minderwertigkeitskomplexe und Kontaktschwierigkeiten. Essen wird zum einzigen Trost, man spendet sich selbst Aufmerksamkeit und tut sich etwas Gutes. Damit schließt sich der Teufelskreis.
Abschließend bleibt zu erwähnen, dass Ernährungswissenschaftler heute kein Idealgewicht mehr fordern, sondern das Normalgewicht (Körpergröße in Zentimetern minus 100) als Richtwert für ein medizinisch vertretbares Gewicht halten. Übergewicht kann aber körperliche Folgen wie z.B. die Überbelastung des Herzens, Skeletts und des Kreislaufs haben, was zu Herzinfarkt, Schlaganfall, Diabetes, Gelenk-, Leber- und Wirbelsäulenschäden führen kann.

Menschen mit Ess-Störungen müssen wieder einen anderen Bezug zum Essen finden und beginnen, neue Verhaltensmuster zu entwickeln. Sie müssen lernen, mit Gefühlen wie Wut, Trauer, Langeweile und Aggressionen neu umzugehen.

Nur unter diesen Voraussetzungen können sie sich von ihren Problemen mit dem Essen, den Diäten, den Rückfällen und der Diskriminierung als »Dicke« befreien. Diese enorme Leistung ist alleine kaum zu erreichen. Deshalb ist es für Ess-Süchtige wichtig, sich Hilfe bei Selbsthilfegruppen und Beratungseinrichtungen bzw. bei Therapeuten zu holen.
Dazu ist viel Zeit, Durchhaltevermögen, Engagement und Ausdauer nötig!

Ess-/Brechsucht (Bulimia nervosa, übersetzt »Ochsenhunger«):
Seit 1979 wird die Ess-/Brechsucht als eine eigenständige Krankheit anerkannt. Betroffen sind fast ausschließlich Frauen und Mädchen im Alter zwischen fünfzehn und 50 Jahren. Jüngste Forschungsergebnisse setzen das früheste Erkrankungsalter sogar schon bei zwölf Jahren an.
Möglicherweise ist für die wachsende Ausbreitung dieser Erkrankung das Zusammenspiel zweier Werte verantwortlich, die heute von großer gesellschaftlicher Bedeutung sind: Auf der einen Seite werden wir fast schon zum »maßlosen« Konsum erzogen, auf der anderen Seite herrscht aber das Ideal des Schlankseins vor. Beide Werte stehen im Widerspruch zueinander.

Erscheinungsformen:
Hauptsymptom dieser Erkrankung ist das wiederholte Auftreten von Essphasen, die man besser als Fress- oder Heißhungerattacken bezeichnen kann. Dabei werden große, leicht verzehrbare Nahrungsmittelmengen meist hastig verschlungen. Die Häufigkeit erstreckt sich von einmal pro Woche bis zu mehrmals täglich und dauert zwischen fünfzehn Minuten und vier Stunden. Die entsprechenden Personen verschlingen pro »Mahlzeit« zwischen 3000 und 4000 Kalorien, es gibt auch Extremfälle von bis zu 15000 Kalorien.

Parallel dazu kann man aber ein phasenweise stark gezügeltes Essverhalten beobachten. In solchen Phasen wollen die Ess-Süchtigen sehr wenig oder gar nichts essen. Bis diese Phase wieder von einem Essanfall unterbrochen wird.
Um nicht »dick« zu werden, wird gefastet, was zu einer Mangelernährung führt. Es wird in einem übertriebenen Maße Sport getrieben oder es werden heimlich Abführmittel und Entwässerungstabletten eingenommen.
Die meisten Menschen aus diesem Personenkreis führen nach ihren Heißhungeranfällen ein regelmäßiges, absichtliches Erbrechen herbei. Sie stecken sich einfach den Finger in den Rachen, um auf diese Weise die übermäßige Mahlzeit wieder loszuwerden.
Die Schwierigkeit für Eltern und Berufspädagogen besteht in dem nach außen eher unauffälligen Essverhalten und Erscheinungsbild der bulimischen Heranwachsenden. In der Öffentlichkeit funktioniert alles perfekt. Die Betroffenen ekeln sich jedoch vor sich selbst und versuchen, ihr krankhaftes Verhalten vor allen zu verheimlichen. Gleichzeitig vernachlässigen sie jeglichen Kontakt zu anderen Personen und haben kaum mehr Interessen.

Diese selbstgewählte soziale Isolation führt unweigerlich in einen depressiven Zustand. Deshalb ist es wichtig, das Vertrauen des oder der Betroffenen zu erlangen, um eine offene Gesprächsbasis herzustellen.

Wir müssen uns darüber im Klaren sein, dass dieser Prozess unter Umständen sehr lange dauern kann.

Folgeschäden:
Die meisten Ess-/Brechsüchtigen wissen über die möglichen körperlichen Folgeschäden wenig. Das künstlich herbeigeführte Erbrechen führt mit der Zeit zu einem Anschwellen der Speicheldrüse, der Schädigung des Zahnschmelzes (durch den Kontakt mit der Magensäure), zu Elektrolytstörungen, Herzrhythmusstörungen und Nierenschäden. Weiterhin treten Schlafstörungen und Kopfschmerzen sowie eine Störung des Menstruationszyklus auf.
Zu den seelischen Folgen zählt man den hohen Leistungsdruck (nach außen soll alles normal erscheinen), depressive Verhaltensformen, Schuldgefühle, starke Stimmungsschwankungen bis hin zu Selbstmordgedanken. Weiterhin entsteht ein Interessenverlust. Außerdem können sich erhebliche finanzielle Probleme ergeben (man braucht viel Zeit und Geld für die heimliche Beschaffung der Nahrungsmittel).

Magersucht (Anorexia nervosa):
Magersucht tritt meistens bei Mädchen im Pubertätsalter auf und ist eine schwere Ess-Störung, bei der sich die betroffene Person weigert, genügend Nahrung zu sich zu nehmen. Meist wird eine strenge »Diät« eingehalten. Mahlzeiten werden ausgelassen oder es werden nur ganz wenige »gute« Lebensmittel zu sich genommen bzw. achtet der oder die Betroffene auf eine kalorienarme Nahrung. Die Betroffenen hungern sich schlichtweg bis zum Gerippe herunter. Diese Gewichtsabnahme wird unter allen Umständen verborgen. Dazu werden mehrere Pullis und Hosen übereinander angezogen. Um dem gemeinsamen Essen in der Gruppe/Familie zu entgehen, essen Magersüchtige am liebsten alleine. Nahrung wird peinlichst gemieden, dem Umfeld werden deshalb falsche Angaben über die Menge des Essens gemacht. Alle Gedanken kreisen ständig um das Essen. Magersüchtige haben immer das Gefühl zu dick zu sein, auch wenn sie nur noch Haut und Knochen sind.

Trotz ihrer körperlichen Situation sind die Betroffenen sehr ehrgeizig und leistungsfähig. Gute Leistungen im Beruf und sportliche Betätigungen sind keine Seltenheit. Deshalb ist es für Eltern und das weitere Umfeld sehr schwer zu erkennen, dass hier etwas nicht stimmt.

Eltern sollten aufmerksam werden, wenn sich die eigene Tochter oder der eigene Sohn immer mehr aus dem (Ernährungs-) Leben der Familie zurückziehen und das Körpergewicht mehr als 15% unter dem Normalgewicht liegt.

Körperliche und seelische Folgeschäden können Eltern und Pädagogen Hinweise auf diese Krankheit geben.

Folgeschäden:
Körperliche Folgen sind extremer Gewichtsverlust, kein wachstumsbedingter Gewichtsanstieg, Absinken der Körpertemperatur, Verlangsamung des Pulses, Verstopfungen, angeschwollene Speicheldrüsen, trockene Haut, brüchiges Haar, Bildung einer feinen Flaumbehaarung am ganzen Körper, Schmerzen im Magen-Darmbereich (häufig bei chronisch Magersüchtigen) und nicht zuletzt das Ausbleiben der Regelblutung.
Seelische Folgen zeigen sich in Depressionen, einer fortschreitenden Isolation und Konzentrationsschwächen.

Behandlungsansätze:
Mager- und Ess-/Brechsucht müssen auf zwei Ebenen behandelt werden:

Durch Intervention wird die Wiederherstellung des normalen Körpergewichts (bei Magersucht) und eines normalen Essverhaltens (bei Bulimie) angestrebt. Im Rahmen eines stationären Klinikaufenthaltes werden Verhaltenstherapien und Maßnahmen zu einem besseren Umgang mit der Ernährung eingeleitet. Selbsthilfegruppen und (Familien-)Therapien begleiten die Patienten weiter auf dem Weg zu einem »normalen« Leben.
Wenn Sie sich über dieses Thema ausführlicher informieren wollen, seien Ihnen die (kostenlosen) Broschüren *Ess-Störungen* und *Ess-Geschichten* von der BZgA empfohlen.[13]

Spielsucht

Wenn man die Fachliteratur der Suchtprävention zum Thema »Spielsucht« durchforstet, begegnet man dem Begriff der »Glücksspielabhängigkeit«. Als Glücksspiel (z.B. Roulette, Kartenspiele, Lotto, Geldspielautomaten ...) bezeichnet man ein Spiel mit festgelegten Regeln und einem entsprechenden (Geld-)Einsatz. Diese Spiele unterliegen dem Zufall und sind nicht kalkulierbar. Der Spieler erhält durch die sofortige Auszahlung von Gewinnen und das nicht geringe Risiko, alles zu verlieren, einen besonderen »Kick«. Eben dies macht mit der Zeit abhängig. Süchtige Spieler können nach dem Beginn eines solchen Spieles erst aufhören, wenn die momentanen finanziellen Möglichkeiten erschöpft sind. Nach einer Anfangsphase mit nur kleinen Einsätzen als Freizeitbeschäftigung folgt die »Kontrollverlustphase«, in der keine Grenzen mehr eingehalten werden können. Ab diesem Moment wird die Beschaffung von Geldmitteln eine der wichtigsten Nebenbeschäftigungen – dies kann sich bis hin zur Beschaffungskriminalität ausweiten.

Um Süchtigen aus dieser nichtstofflichen Abhängigkeit herauszuhelfen, müssen die Familie oder der Partner mit einbezogen werden, um das Co-Verhalten (finanziellle Unterstützung, Verheimlichung ...) zu unterbinden. Der Spielabhängige muss wieder lernen, den wahren Wert des Geldes zu erfassen.

Dauerhafte Abstinenz vom Glücksspiel ist oft nicht durchführbar, weil die Personen außer eines hohen Schuldenberges und einer allmählichen Isolation keine körperlichen Probleme zeigen.
Sie werden sich fragen, ob diese Suchtform auch Kinder und Jugendliche betrifft. 42% der Glücksspielsüchtigen, die eine Beratungsstelle aufsuchen, haben Schwierigkeiten in der Schule und im Beruf. Daraus folgere ich, dass der Anteil der Jugendlichen kein geringer ist.
Die Gefahr einer Spielabhängigkeit ist, wenn man bedenkt, dass immer mehr Jugendliche einen mühelosen Zugang zu Geldspielautomaten finden, nicht mehr so gering. Mancher Heranwachsende betrachtet diese »kleinen Geldgeschäfte« als eine abenteuerähnliche Freizeitbeschäftigung.
Es liegt in der Hand der Eltern und Pädagogen, Jugendliche ohne erhobenen Zeigefinger rechtzeitig und in einem situationsgerechten Gespräch an eine kritische Auseinandersetzung mit der Spielsucht vor allem in Hinsicht auf den finanziellen Aspekt heranzuführen.

Ausblick:
Die tieferliegenden Ursachen und Probleme der Jugendlichen sollten (eventuell gemeinsam mit den Eltern) in einer Suchtberatungsstelle oder der örtlichen Beratungsstelle für Kinder, Jugendliche und Erziehungsfragen aufgearbeitet werden.
Oft wird wegen hoher Spielschulden eine Schuldnerberatung zu Rate gezogen.
In vielen größeren Städten gibt es Selbsthilfegruppen wie z.B. die Gruppe *Anonyme Spieler (AS)*.[14]

Kaufsucht

Kennen Sie das Sprichwort »Über Geld redet man nicht – man gibt es aus«? Dieses Sprichwort haben sich viele Heranwachsende zu eigen gemacht und setzen es in die Realität um. Wenn man bedenkt, dass die meisten alltäglichen Geldgeschäfte bargeldlos vonstatten gehen, ist das nicht weiter verwunderlich.
Ich kann mir vorstellen, dass bei Kindern sehr schnell das Gefühl entsteht, dass Geld immer vorhanden ist, weil es nie richtig und zum Greifen in Erscheinung tritt. Seit der Erfindung des bargeldlosen Zahlungsverkehrs, von Einzugsermächtigungen, von Krediten verschiedenster Art, den vielen EC-Nachtschaltern und der Möglichkeit, sogar zu Hause über BTX zu jeder Zeit seine Bankgeschäfte abzuwickeln, wird die ganze Sache undurchsichtig. Kinder haben das Gefühl, dass Geld nie ausgeht. Es muss zwar verdient werden, aber der wahre Wert und Gegenwert bleiben verschleiert.
Entscheidend für die Art und Weise mit Geld umzugehen, ist dabei das Vorbild der Eltern und das Umfeld. Es gibt Familien, für die es selbstverständlich ist, jeden Samstag in die Stadt zum »Shoppen« zu gehen. Kaufen wird zum letzten gemeinsamen Abenteuer für Eltern und Kind. In solchen

Situationen wird unter Umständen viel gekauft, was nicht unbedingt notwendig ist. Das heißt nicht, dass man sich nur noch das Notwendigste kaufen darf. Schließlich macht es auch Freude, sich ab und zu etwas zu gönnen. Doch bei manchen Familien währt die Freude am Gekauften nur sehr kurz. Das Kleidungsstück, Spielzeug usw. landet dann im Schrank bei all den anderen Einkäufen.

Ihre erste EC-Karte für den Geldautomaten können Jugendliche schon mit 16 Jahren erhalten. Es gibt Fälle, in denen 18-jährige bereits mehrere tausend Mark Schulden abzutragen haben. Das würde sicher nicht so leicht passieren, wenn es noch den altmodischen Bankangestellten gäbe, der ins Sparbüchlein schauen und Einhalt gebieten würde.

Kaufsüchtige sind Menschen, die das zwanghafte Bedürfnis haben, sich überwiegend Dinge zu kaufen, die sie nicht unbedingt brauchen. Das Gefühl, bestimmte Konsumgüter unbedingt besitzen zu müssen, treibt viele in mehr oder weniger belastende finanzielle Nöte. Das Interesse an den neugekauften Gegenständen verliert sich dann sehr schnell.

Für Kaufsüchtige bedeutet das Kaufen eine Belohnung und Trost für fehlende Zuwendung. Viele kaufsüchtige Jugendliche und Kinder haben in ihrer Familie das Gefühl, dass Konsumgüter wie das neue Auto, Kleid, der Fernseher usw. wichtiger sind als sie selbst.

Diese Dinge machen die betroffenen Personen dann selbst zu ihrem Ziel und Interessenschwerpunkt.

Kaufsüchtige fühlen sich beim Kaufen mächtig, beliebt, erwachsen und glücklich. Sie haben bei der Kaufhandlung das Gefühl frei zu sein, über sich selbst bestimmen zu können und erfahren auf diese Weise immer wieder Bestätigung und Anerkennung.

Untersuchungen haben gezeigt, dass Kaufsucht oft mit einer anderen Sucht einhergeht oder diese ablöst (z.B. Ess-Sucht).

Folgeschäden:
Das Auf und Ab dieser Situation und die eigentlichen Ursachen (fehlendes Selbstwertgefühl, Anerkennung ...) führen häufig zu Depressionen. Diese werden wieder mit neuen Kauforgien unterdrückt. Auch bei dieser Sucht schließt sich ein Teufelskreis.
Viele Kaufsüchtige haben im Laufe der Zeit sehr hohe Schuldenberge und Kredite angehäuft, worüber sie absolutes Stillschweigen bewahren.

Ausblick:
In Beratungsstellen oder bei Psychotherapeuten können dem Klienten die wahren Gründe für das süchtige Verhalten aufgezeigt werden. In einer Verhaltenstherapie können z.B. konkrete Überlegungen für eine neue Lebensweise entwickelt werden. Die Schuldnerberatung stellt der individuellen Lebenssituation des Hilfesuchenden einen entsprechenden Finanz-Plan auf.

Medikamente und Psychopharmaka

In einer repräsentativen Studie des Sonderforschungsbereiches »Prävention und Intervention im Kindes- und Jugendalter»(unter der Leitung von Klaus Hurrelmann) wurde herausgefunden, dass Jugendliche im Alter von zwölf bis 18 Jahren am häufigsten Grippe- und Erkältungsmittel zu sich nehmen, an zweiter Stelle stehen Schmerzmittel. Schmerzmittel werden von annähernd der Hälfte der Jugendlichen eingenommen. Außerdem nehmen 4% der Heranwachsenden Schlaf- und Beruhigungsmittel ein.[15]

32% der Jugendlichen bedienen sich regelmäßig aus dem Medikamentenschrank.
Wer glaubt, dies geschieht heimlich, ohne das Wissen der Eltern, der täuscht sich. Eltern unterstützen dieses Verhalten oft, weil sie Angst haben, ihr Kind könnte nicht fit oder leistungsfähig genug für die Schule sein. Die reale Sorge um den Bildungsabschluss und die zukünfigen Berufschancen lassen Eltern oft zu diesem vermeintlich letzten Mittel greifen. So werden Kinder und Jugendliche bei Kopfschmerzen, Fieber, Müdigkeit und Konzentrationsstörungen ohne ärztlichen Rat mit Medikamenten behandelt.

Die gestiegenen eigenen Erwartungen und die der Umgebung lösen bei Schülern oft Leistungsstress und psychosomatische Erkrankungen aus. Mädchen reagieren dabei besonders sensibel. Der Körper ist überfordert und kann den Stress nicht mehr abbauen. Der Gang zum Arzt ist vorprogrammiert.

Auch Ärzte verschreiben oft zu schnell Medikamente gegen die Symptome und forschen nicht genügend nach den Ursachen.
Bedenklich stimmt das Ausmaß des Gebrauches von Psychopharmaka, das heißt Schlaf- und Beruhigungsmitteln, sowie Anregungsmitteln. Die Bereitschaft, diese Mittel gewohnheitsmäßig zu konsumieren, steigt.
Ihr Übriges tragen die Vorbilder aus dem direkten Umfeld bei. Erleben die Heranwachsenden in ihrer Umgebung, dass bei jeder Unpässlichkeit eine Tablette »eingeworfen« wird, so werden sie sicher keinen anderen Umgang damit pflegen.

Auch dies wurde schon wissenschaftlich untersucht und bestätigt!
Mit der Zeit lösen die jungen Verbraucher mit Arzneimitteln angespannte und unangenehme Lebenssituationen. Sie dienen ihnen zur Ablenkung, Entlastung, Anregung und Leistungssteigerung. Eigenständiges Vorgehen ohne »Helfer« wird nicht in Erwägung gezogen. Das Auskurieren einer Krankheit mit Unterstützung von Haus- oder entsprechenden Alternativmitteln gerät in Vergessenheit.
Nach längerem Medikamentenmissbrauch greifen die Substanzen in Vorgänge des zentralen Nervensystems ein und beeinflussen das psychische und soziale Erleben – die Medikamentenabhängigkeit beginnt!

Folgeschäden:
Das Allgemeinbefinden ist gestört und kann nur durch eine weitere Arzneimitteleinnahme aufrecht erhalten werden. Die Dosis muss im Laufe der Zeit ständig erhöht werden.
Körperliche Symptome: Es können Schäden im Verdauungstrakt, den Nieren und in der Leber entstehen. Weiterhin sind Atmungs– und Gefäßschwächen sowie erhöhter Blutdruck, Veränderungen des Blutbildes und ein körperlicher Verfall beobachtet worden.
Geistig/seelische Symptome können Unruhe, Angst, Misstrauen, Enthemmung, Zwangsdenken, Rückgang der Urteils- und Leistungsfähigkeit, Psychosen und Wahnvorstellungen (z.B. Verfolgungswahn, Halluzinationen) sein.

Behandlungsansätze:
Medikamentenabhängigkeit ist eine tief greifende Erkrankung der gesamten Persönlichkeit. Aus dieser Situation führt nur eine umfassende Langzeitbehandlung. Sie beginnt in der Regel mit einer stationären Entgiftung in einer Fachklinik. Eine fachklinische Langzeitbehandlung und/oder Psychotherapie schließen sich an.

Nikotin

Im Alter von zwölf bis vierzehn Jahren probieren 30% der Heranwachsenden das erste Mal eine Zigarette! 15% der vierzehnjährigen Schüler und 30% der 17-Jährigen rauchen gelegentlich oder regelmäßig.[16]
Aus diesen Zahlen ist zu ersehen, dass Jugendliche gerade im oben genannten Alter sehr empfänglich für diese Gesellschaftsdroge sind. Das hängt damit zusammen, dass die Heranwachsenden in dieser Zeit große Probleme mit ihrem Selbstwertgefühl und Unsicherheiten im eigenen Verhalten haben und darüber hinaus unter mangelnder Anerkennung ihrer Altersgenossen und Misserfolgserlebnissen in der Schule leiden. Daraus resultieren auch Spannungen in der Familie. In der Einstiegsphase wird die Zigarette vorwiegend zur Unterstützung des Selbstwertgefühles sowie zum Konflikt- und Spannungsausgleich benützt. Mit dem »Glimmstängel« im Mund fühlen sich die Jungen und Mädchen den werbetechnisch raffiniert ausgeklügelten »Superhelden« ähnlich. Dadurch werden neue langjährige Kunden erworben. Die Mädchen holen dabei, nicht nur auf den Plakatwänden, im Zigarettenkonsum auf.

Interessant dabei ist, dass Jugendliche, die bis zu einem Alter von 19 oder 20 Jahren Nichtraucher geblieben sind, mit hoher Wahrscheinlichkeit auch in ihrem weiteren Leben ohne den »blauen Dunst« auskommen. Nikotinabhängige hingegen können nur schwer wieder von ihrer Sucht ablassen.

Im Prinzip heißt das, wenn Jugendlichen z.B. der Nährboden für Schul- und Freizeitstress entzogen bzw. dieser gemindert wird, die Familiensituation als demokratisch zu bezeichnen ist und das Selbstbewusstsein gestärkt wird, müssten sie mit der entsprechenden Aufklärung gute Chancen haben, Nichtraucher zu bleiben. Natürlich spielt auch in diesem Falle das Vorbild der Eltern eine wichtige Rolle.

Folgeschäden:
Nikotin führt in kleinen Mengen zu einer Anregung der Hirntätigkeit. Als Folgewirkung entsteht ein angenehm stimulierender oder entspannender Zustand. Müdigkeit und Unlustgefühle werden dadurch unterbunden, darüber hinaus entsteht ein Gefühl von Geborgenheit und Selbstsicherheit. Dieser Zustand kann nur aufrechterhalten werden, wenn der Körper regelmäßige Nikotindosen zu sich nimmt. Eine psychische und körperliche Abhängigkeit entsteht!
Körperliche Schäden sind die Verengung und Verkalkung der Blutgefäße, Beeinträchtigung der Durchblutung (besonders der Herzkranzgefäße) und chronische Bronchialleiden. Das Krebsrisiko wird um ein Vielfaches erhöht.
Eher »schlicht« wirken sich hingegen so einfache Dinge wie schlechter Atem, verfärbte Finger, Reizhusten oder Beeinträchtigung des Geschmacks- und Geruchssinnes aus.

Ausblick:
Wer wirklich (z.B. aus gesundheitlichen Gründen) dazu motiviert ist, mit dem Rauchen aufzuhören, kann sich an seinen Hausarzt oder das Gesundheitsamt wenden. Dort werden Broschüren, Raucherentwöhnungsgruppen, unterstützende psychische Maßnahmen wie z.B. Autogenes Training oder körperliche Behandlungsmethoden gegen die Entwöhnungserscheinungen angeboten.

Alkohol

Können Sie sich vorstellen, dass Alkohol, würde er heutzutage erfunden, vom Bundesgesundheitsamt als Lebens- und Genussmittel nicht zugelassen werden würde?
Warum, fragen Sie sich? Weil das Bundesgesundheitsamt wegen der bisher nachgewiesenen gesundheitlichen Risiken einer Zulassung nicht zustimmen dürfte.
Doch Alkohol hat eine lange geschichtliche Tradition, die auch in der heutigen Zeit ungebrochen ist. Er fehlt zu keinem Anlass, sei es an einem Fest oder einer Feier, zu geselligen Gelegenheiten oder bei Mahlzeiten und Fernsehabenden. Alkohol wird in unserer Gesellschaft weitgehend toleriert. Wenn man z.B. die Zahl von 2,5 Millionen Alkoholabhängigen in Deutschland bedenkt, die vielen gesundheitlichen Risiken sowie die Häufung der Zusammenhänge von Unfällen und Alkohol, muss man sich schon darüber wundern.

Das Einstiegsalter von Kindern und Jugendlichen in den Alkoholkonsum liegt bereits bei erschreckenden zehn bis elf Jahren.

61% der Jugendlichen waren schon einmal betrunken. Die ersten Alkoholerfahrungen machen sie im privaten Umfeld, zum Teil gemeinsam mit den Eltern, aber auch mit gleichaltrigen Freunden.
Gerade im (vor-)pubertären Alter gibt es verschiedene Risikofaktoren, die verstärkt zu einem Alkoholeinstieg führen können: ungünstige soziale Gegebenheiten in der Familie (Arbeitslosigkeit usw.), mangelnde Harmonie, zu strenger oder zu gewährender Erziehungsstil, dauernde Beziehungs-

störungen, Alkoholismus in der Familie, mangelnde Entfaltungsmöglichkeiten und mangelnde Ich-Stärke.
Besonders ängstliche, verschlossene, sensible und leicht verletzbare Menschen mit wenig Frustrationstoleranz gehören häufig zu den Alkoholkonsumenten. Solche Menschen lösen durch den Alkoholkonsum verschiedene Veränderungen in ihrem Körper aus. Man wird redefreudiger, gut gelaunt, Müdigkeit und Unausgeglichenheit verschwinden, das Selbstbewusstsein steigt und man wird kontaktfreudiger. Langeweile und Probleme werden durch den Genuss von Alkohol verdrängt. Alkohol ist aber in Wirklichkeit ein Narkosegift, das zu Lähmungen an Gehirn und Nerven führt!

Folgeschäden:
Alkoholismus ist eine anerkannte Krankheit und führt zu einer körperlichen und psychischen Abhängigkeit. Der gesamte Organismus wird durch Alkoholmissbrauch (ständiger übermäßiger, unkontrollierter Konsum von Alkohol) in Mitleidenschaft gezogen. Es kann unter anderem zu Herzschäden, Muskel- und Nervenerkrankungen, Durchblutungsstörungen sowie Bluthochdruck und vielerlei Lebererkrankungen kommen. Alkoholkranke sind viel anfälliger für Infektionskrankheiten, Stoffwechselstörungen und Entzündungen an Nieren, Schleimhäuten und Harnwegen.
Auch die Persönlichkeit des Betroffenen verändert sich. Viele Alkoholkranke leiden unter Konzentrationsstörungen, Stimmungsschwankungen und Antriebslosigkeit. Im fortgeschrittenen Stadium kann es zu Verfolgungswahn, Desorientierung und Delirien kommen.

Ausblick:
Der erste Weg aus diesem Teufelskreis sollte, nach einem familiären Gespräch, zum Hausarzt führen. Dabei ist zu beachten, dass nur die wirkliche Bereitschaft des Betroffenen zu einem Ausweg aus der Abhängigkeit führt. Alkoholkranke kann man nicht zu einer Entziehungskur überreden, solange sie die Notwendigkeit nicht selbst erkennen.
Einem stationären oder ambulanten körperlichen Alkoholentzug sollte sich eine stationäre Langzeittherapie in einer Fachklinik anschließen.
Für Alkoholiker und ihre Angehörigen (die sich oft in einer so genannten Co-Abhängigkeit befinden, indem sie z.B. den Alkoholkonsum vertuschen) gibt es viele etablierte Selbsthilfegruppen. Sie begleiten Angehörige und Süchtige während und nach einer Abhängigkeit.[17]

Illegale Drogen

Unter dem Begriff »Drogen« versteht man Substanzen, die in den normalen Ablauf des Körpers einwirken und Gefühle, Wahrnehmungen und Stimmungen sowie körperliche Schäden und Veränderungen hervorrufen. Damit werden legale Drogen (Alkohol, Nikotin und Medikamente) sowie illegale Drogen (LSD, Ecstasy, Heroin ...) bezeichnet. Die bekanntesten illegalen Drogen werden in der folgenden, kurzen Übersicht aufgelistet.

Zu den illegalen Drogen gehören <u>Haschisch</u> und <u>Marihuana</u>, umgangssprachlich auch »Shit« und »Gras« genannt. Beides wird aus der indischen Hanfpflanze (Canabis) erzeugt. Äußerlich treten sie in Form von gepressten Platten, die nach »Heu« riechen, und in Alufolie gewickelte kleine Haschischbrocken auf.
Die Einnahme erfolgt über das Rauchen, gemischt mit Tabak oder in Form von Speisen und Keksen.
Die Wirkung variiert von Person zu Person. Zu ihr gehören Bewusstseinserweiterung, stark euphorische oder depressive Stimmung, Entspannung, Ruhelosigkeit und Antriebsverlust. Nach längerem Gebrauch kann es zu einer psychischen Abhängigkeit kommen, ebenso können Depressionen oder Konzentrations- und Leistungsstörungen auftreten.

<u>Kokain</u> wird aus den Blättern des Kokastrauches gewonnen. In seiner äußeren Form tritt es als weißes, bitteres Pulver in kleinen Tüten auf. Als Werkzeug benötigt der Konsument einen kleinen Löffel oder Trinkhalm.
Die Einnahme erfolgt über die Nase »gesnieft«, geraucht oder mit Injektionsnadeln gespritzt.
Kokain wirkt auf das zentrale Nervensystem ein und hat zunächst eine enthemmende und aktivitätssteigernde Wirkung, nach einer gewissen Zeit ist man angespannt, müde und missmutig.

Als Folge tritt nach kurzer Zeit eine starke psychische Abhängigkeit auf. Die Dosis muss sehr schnell erhöht werden, um die gleiche Wirkung zu erzielen. Bei längerem Missbrauch treten Schäden an der Nasenscheidewand auf, bei Überdosis besteht die Gefahr der Atemlähmung und Herzschwäche mit Todesfolge.

Heroin/Morphium/Opium (Opiate) werden aus dem Milchsaft der unreifen Schlafmohnkapsel gewonnen. Heroin ist in der Drogenszene am weitesten verbreitet.
Äußerlich treten Opiate als weißes (Morphium) bis bräunlich kristallines Pulver (Heroin) auf. Als Werkzeug benötigt der Konsument Spritzen, Löffel (Rußspuren!) und ein Feuerzeug. Heroin wird in die Vene gespritzt (Einstichstellen an der Innenseite von Armen und Ellenbogen), durch die Nase geschnupft oder inhaliert.
Opiate haben eine stark betäubende Wirkung, zu Beginn entsteht eine Euphorie (»flash«) mit gesteigertem Selbstvertrauen, alle negativen Gefühle oder Schmerzen werden schon nach kurzer Zeit ausgelöscht, hinzu kommen Gleichmütigkeit, Schläfrigkeit und ein Verblassen der Sinneswahrnehmungen.
Selbst eine kurzzeitige Einahme kann zu körperlicher und seelischer Abhängigkeit führen. »Soziales Abrutschen«, Beschaffungskriminalität und die Veränderung des gesamten Verhaltens sind die Folge.
Langzeitfolgen sind Leberschäden, Magen- u. Darmstörungen. Akute Gefahren sind Infektionen bei unsterilen Spritzen (z.B. Geschwüre, Hepatitis, AIDS); Bewusstlosigkeit, Ersticken an Erbrochenem; Atemlähmung, auftretende Herzschwäche.
Bei einer Überdosis kommt es zur Todesfolge durch oben genannte Ursachen.

Zuletzt seien Designerdrogen – SPEED und ECSTASY genannt. Diesem Suchtmittel möchte ich eine ausführlichere

Beschreibung zukommen lassen, da in Fachkreisen eine Trendwende im Drogenkonsum beobachtet wird.
Die Tendenz geht von betäubenden, benebelnden Substanzen (wie Opium und Heroin) in Richtung stimmungshebender, antriebs- und leistungssteigernder Präparate, wie z.B. Ecstasy (MDMA = Methylen-Diox-Methyl-Amphetamin) und Speed (synthetisch hergestelltes Amphetamin). Amphetamine wie diese kamen mit der Techno-Bewegung (»Techno« ist eine inzwischen weit verbreitete Musikrichtung) aus England zu uns.
Klaus Hurrelmann vom Sonderforschungsbereich »Prävention und Intervention im Kindes- und Jugendalter« an der Universität Bielefeld beschreibt diese Entwicklung in verschiedenen seiner Veröffentlichungen. Er ist der Meinung, dass Jugendliche aus gesundheitlichen Überlegungen heraus, um in der Schule und im Beruf leistungsfähiger zu sein und weil sie wissen, dass sie die Dauer der Wirkung selbst bestimmen können, sehr schnell zu den harmlos erscheinenden kleinen Tabletten greifen. Da die meisten Konsumenten schon im Kindesalter den Umgang mit Arzneimitteln als einfach und angenehm erfahren haben, ist die Bereitschaft Ecstasy einzunehmen sehr groß.
Viele Heranwachsende sind der Meinung, dass die zum Teil mit netten Motiven ausgestatteten Tabletten leicht zu kontrollieren sind. Doch in Wirklichkeit ist diese Subtanz ein gefährlicher Coktail aus unterschiedlichsten synthetischen Mixturen. Man kann sich über die Dosierung und Zusammensetzung nie sicher sein.
Trotzdem steigt der Konsum von »Anregungsdrogen« ständig. Für einen vergleichsweise geringen Preis von 20 bis 50 DM erhalten Jugendliche vielerorts die begehrten kleinen »Stimmungsheber«. Vor allem Ecstasy ist einfach einzunehmen, außerdem bemerkt niemand Einstichstellen oder ähnlich verräterische Merkmale. Ecstasy gilt als saubere Droge, da es zu keinem schnellen gesellschaftlichen und körperlichen

Verfall kommt, wie es z.B. bei Opiaten der Fall ist (kein »Junkie-Image«).
Amphetamine machen zwar nicht körperlich abhängig, sie erzeugen aber eine psychische Abhängigkeit, weil sie den Konsumenten das Gefühl vermitteln, nur noch mithilfe dieser Substanz kontakt- und leistungsfähig zu bleiben.
In manchen Aufklärungsbroschüren wird jedoch die Möglichkeit einer körperlichen Abhängigkeit von Designerdrogen nicht ganz ausgeschlossen. Ecstasy stellt aus den genannten Gründen eine große Gefahr für unsere Kinder dar!

Auf einen Blick:
Ecstasy tritt äußerlich in Form von kleinen weißen, zum Teil mit Motiven (z.B. Halbmond, Playboyhäschen ...) versehenen Tabletten auf (10 mm Durchmesser).
Weitere Amphetamine wie z.B. Speed kommen als weißes Pulver oder als Pillen und Kapseln vor.
Sie werden geschluckt (Ecstasy), gesnieft oder gespritzt.
Die Wirkungsdauer der Designercocktails ist durch deren immer neue Zusammensetzung unberechenbar, kann aber auf einige Stunden begrenzt werden. Designercocktails wirken aufputschend bis entspannend, vermindern Müdigkeits- und Hungergefühle, sind leistungssteigernd und vermitteln das Gefühl von Ekstase und Euphorie.
Als Folge tritt sehr schnell eine seelische Abhängigkeit ein, die körperliche Abhängigkeit ist möglich. Weitere Folgen sind Gewichtsabnahme, Schlafstörungen, Depressionen, Psychosen und Verfolgungswahn. Aufgrund unterschiedlicher Zusammensetzungen treten verschiedene Nebenwirkungen oder Vergiftungserscheinungen auf.
Zu Todesfällen nach der Einnahme von Ecstasy kam es infolge stundenlangen Tanzens, das zu einer Überhitzung und Austrocknung des Körpers führte. Ein Zustand, den die Konsumenten aufgrund der Droge nicht wahrnahmen und der den Tod verursachte.

Was können Eltern tun?

Erwachsene sind Vorbilder

Eltern und Berufserzieher – davon war bereits die Rede – sind während der Kindheit die prägendsten Vorbilder. Erst im vorpubertären Stadium und im Jugendalter orientieren sich Heranwachsende um. Bis dahin vermitteln die nahen Bezugspersonen Kindern im alltäglichen Leben die ersten Normen und Werte, an denen sie sich orientieren, sowie eine bestimmte Lebensform.

Ein Kind, welches die Welt erst entdeckt, für das alles neu und einmalig ist, wird sich weder darüber wundern, dass es einen lila Baum mit Rädern sieht, noch darüber, dass seine Eltern bei kleinen Unpässlichkeiten Medikamente einnehmen. Es kennt noch keine Alternativen, kein »richtig« und »falsch«, deshalb übernimmt es auch so leicht das täglich Erlebte.

Umgekehrt bedeutet dies, dass ein Kind, das von klein auf einen bewussten Umgang mit Konsum, mit Alkohol, Nahrung und Medikamenten sowie mit der Umwelt oder mit Mitmenschen vorgelebt bekommt, sich damit positiv auseinander setzt.

Ich kenne Familien, die sich mit Nachdruck gegen ein Auto ausgesprochen haben. Das Fehlen dieses in unseren Kreisen schon selbstverständlichen Fortbewegungsmittels löst in der Umgebung der Betroffenen mehr Konfusion aus, als wenn sie auf einen Fernseher verzichtet hätten. Der Verzicht auf den Fernseher ist, weil er nicht ganz so selten vorkommt und man hin und wieder davon gehört hat, weniger ungewöhnlich als der Verzicht auf das Auto.

Erziehende, die einen bewussten Umgang mit den bestehenden Konsumsituationen anstreben, können wichtige Vorbilder für bewusstere, zukünftige Erwachsene werden. Dazu gehört sicherlich auch manchmal eine Portion Mut anders zu sein.

Auch im Kleinen können Eltern und Pädagogen sich für weniger und für einen bewussteren Konsum entscheiden und dies ihren Kindern immer wieder transparent machen.

Der demokratische Erziehungsstil

Thomas Gordon hat sich in seinem Buch *Die neue Familienkonferenz*[18] mit dem demokratischen Erziehungsstil befasst. Er wertet in seinem Buch internationale Fachliteratur aus und kommt zu dem Schluss, dass weder der autoritäre noch der antiautoritäre Erziehungsstil Kinder ausreichend dazu befähigt, selbständig, eigenverantwortlich und mit sozialer Kompetenz zu handeln.
Vereinfacht gesagt können mit beiden einseitig ausgerichteten Erziehungsmethoden Kinder zu aggressiven, suchtgefährdeten und unsozialen Menschen erzogen werden.
Ein streng und autoritär erzogenes Kind wird unter Umständen seine angestauten Aggressionen ebenso in der Gesellschaft abbauen wie ein gleichaltriges Kind, das aufgrund einer antiautoritären Erziehung ohne Grenzen und Regeln ständig ungenügend zurechtkommt und überall aneckt.
Wer sein Kind zu einem verantwortungsbewussten, mündigen, eigenverantwortlichen und leistungsfähigen Menschen erziehen will, kann sich somit für keine der beiden Erziehungsstile entscheiden.
Der demokratische Erziehungsstil versucht beide Ansätze miteinander zu vereinen. Hierbei handeln Erziehender bzw. Erziehende und Kind auf einer partnerschaftlichen und kooperativen Basis. Dazu gehört der Aufbau einer sich gegenseitig achtenden und guten Beziehung ebenso wie eine dem momentanen Entwicklungsstand angepasste, ständige Absprache von Regeln und Umgangsformen, die außerdem erläutert werden. Das bedeutet, dass die gemeinsamen Spielregeln eingehalten werden müssen, immer wieder neu überprüft und verändert und bei einer Verletzung besprochen werden. Zum demokratischen Erziehungsstil gehören darüber hinaus die Offenheit und Aufrichtigkeit aller Partner.

Trotz allem sollte der Erziehende eine Autorität aufbauen. Diese ist nicht mit Machtverhalten zu verwechseln, sondern erfordert Vorbildverhalten, eine eigene Persönlichkeit, Einfühlungsvermögen und Verständnis für die Sorgen und Nöte der Kinder. Bezugspersonen sollten ihren Kindern die Kraft und den Rückhalt geben, etwas selbst zu tun, und sie sollten zugleich genügend Distanz halten.
Auf diese Weise kann sich ein Kind selbstbewusst, eigenverantwortlich und mündig entwickeln. Da es in partnerschaftlicher Weise erzogen wurde, wird es ebenso gleichberechtigt und achtsam mit zukünftigen Gegenübern umgehen.

Kein Erziehungsstil kann garantieren, dass ein Kind nicht Suchtmittel ausprobieren wird. Der demokratische Erziehungsstil aber hilft, Kindern genügend Selbstbewusstsein mit auf den Weg zu geben und sie zu Eigenverantwortlichkeit zu erziehen, damit sie den Überredungskünsten von anderen Kindern und Jugendlichen einen eigenen Standpunkt entgegensetzen können.

Feste und Geschenke

Feste gibt es in unserem Kulturkreis viele. Kinder werden bei diesen Anlässen meist beschenkt. Das Problem für manche Eltern besteht in der kaum zu bändigenden Schenkwut der Verwandten. In der einen oder anderen Familie halten sich zuletzt nicht einmal mehr die Eltern zurück.
Alle Jahre wieder kommt der Nikolaus, dann das Christkind, danach geht es schon schnell auf Ostern zu. Auch an Geburtstagen und anderen Familienfesten fällt nicht wenig für die »lieben Kleinen« ab.
Hinzu kommen weitere Feste wie Muttertag und Valentinstag. Ebenso beliebt sind kleine Anlässe wie z.B. schwierige Arztbesuche, Besuche bei Freunden, Mitbringsel von Reisen usw.
Viele Eltern sehe ich bei dieser Aufzählung aufstöhnen. Ihnen wird die manchmal übertriebene Geschenkeflut auch zu viel. Welche Möglichkeiten bieten sich einem, wenn man diese Situation diplomatisch und mit Geschick entzerren will?
Zuerst sollte man sich überlegen, ob die verschiedenen Wünsche der Kinder wirklich von Dauer sind und einem tiefen Interesse entspringen oder ob sie nur aus einer vorübergehenden Laune entstanden sind. Wenn von einem Spielzeugsystem eine Grundausstattung vorhanden ist, sollte man sich gut überlegen, ob und inwieweit man diese mit Zusatzteilen ergänzen will.
Unsere Kinder hatten eine wunderschöne Holzeisenbahn. Wir fingen mit ein paar Schienen und Zügen an. Dann wollten zwei Kinder damit spielen und uns erschienen die Möglichkeiten etwas eingeschränkt. Also kauften wir weitere Schienen und ein paar wenige Extras. Die Kinder spielten begeistert mit dem, was sie jetzt besaßen. An Weihnachten war die Not groß, da wir nicht wussten, was wir uns von

unseren vielen Verwandten wünschen sollten. Also verkündeten wir, dass wir mit Schienen und anderem Zubehör beschenkt werden wollten. Nach Weihnachten hatten wir eine solche Vielzahl an Extras und Fahrwerk aller Art, dass wir zwei Holzkisten damit füllen konnten. Wir Erwachsenen hatten den Eindruck, dass dieses große Angebot an Materialien zum Spielen anregen würde, da es uns selbst Spaß machte mitzuspielen.

Doch ganz allmählich veränderte sich das Spielverhalten unserer Kinder. Es wurde viel gestritten, kaputtgemacht und es entstand oft ein unproduktives Chaos.

Irgendwann realisierten wir, dass unsere zwei Kinder in den Zeiten, als diese Fülle noch nicht vorhanden war, viel besser spielen konnten.

Daraufhin sortierten wir radikal aus und ein gut gemischtes Sortiment an Spielmaterialien mit genügend Platz für eigene Ideen blieb zurück.

Viele Eltern und Verwandte machen immer wieder den gleichen Fehler: Weil sie selbst früher verhältnismäßig wenig Spielzeug hatten, das sie zudem noch mit den Geschwistern teilen mussten, übertragen sie diese unerfüllten Wünsche auf ihre eigenen Kinder. Viele Puppenstuben, Eisenbahnen, Fahrräder usw. sind die Erfüllung eigener Wünsche, die einem selbst einmal versagt geblieben sind, meist an die Erwartung geknüpft, dass das oft gelangweilte Kind mit dem neu erworbenen Gegenstand so glücklich wird und langanhaltend spielen kann, wie wir es aus unserer Kindheit in Erinnerung haben.

Deswegen ist es wichtig, immer wieder zu überprüfen, ob Geschenke den wirklichen Interessen der Kinder entsprechen.

Jede Großmutter, Patentante oder Freundin möchte, dass ihr Geschenk ankommt und auch bei den Eltern willkommen ist. Um allen Schenkern gerecht zu werden, kann man sich darauf einigen, dass das Kind z.B. am Geburtstag ein gemeinsames größeres Geschenk, einige Kleinigkeiten oder etwas Praktisches geschenkt bekommt. Den Schenkern, denen das zu wenig erscheint, kann man ja noch anbieten, ein Geldgeschenk für das Sparkonto zu überreichen. Um Überraschungen vorzubeugen, kann man vereinbaren, dass sich alle an einer, gemeinsam mit dem Kind überlegten Liste von Wünschen orientieren können.
Es gibt außer Süßigkeiten und Spielzeug noch viele Dinge, die Kindern und Jugendlichen Freude machen. Z.B. ein fälliger neuer Pullover oder eine schöne Hose. Unsere Tochter freute sich von Anfang an über jedes Unterhöschen und jedes nette Paar Socken, weil wir ihr schon früh vermitteln konnten, sich auch an kleinen und praktischen Dingen zu erfreuen.

Statt vieler Geschenke das »Eigentliche« wieder wirklich werden lassen!

Vor allem Weihnachten und Geburtstagsfeste werden zu wahren Konsumfesten. Das fängt bei der Festtagskleidung an, geht über ein besonderes Menü, ein speziell ausgetüfteltes Fernsehprogramm bis hin zu Geschenken, die einander übertreffen. Viele Erwachsene und Kinder erkennen vor lauter Vorbereitungs- und Einkaufsstress den wahren Sinn des Festes gar nicht mehr.
Es wäre schön, wenn sich Familien und pädagogische Einrichtungen wieder auf die eigentlichen Beweggründe eines Familienfestes besinnen würden: Dies sind das gemütliche

Beisammensitzen, die Gemeinschaft zu erleben, Zeit füreinander zu haben, miteinander zu singen und zu spielen. Zu einem Fest gehört auch ein gemeinsames Essen, das mit Liebe bereitet, aber nicht opulent sein muss, um eine gute Atmosphäre zu schaffen.
Vor allem Kindergeburtstage werden oft zu einer Schau von Höhepunkten missbraucht. Das fängt schon mit der Edeltorte und den kleinen Geschenkpäckchen für die Kindergartenfeier an. Dann werden zehn und mehr Kinder nach Hause eingeladen. Ein riesiger Trubel und ein Kampf mit dem Geschenkpapier beginnt. Danach wird Süßes, Kuchen, Eis und Abendessen aufgefahren und die Kinder kommen vor lauter Aktivitäten kaum zum Spielen.

Dabei könnte es so einfach und kindgerecht sein. Es genügt eine überschaubare Gruppe von Kindern einzuladen (z.B. werden vier Kinder eingeladen, weil Ihr Kind vier Jahre alt wird). Es gibt ein paar Knabbereien und den allseits beliebten bunt verzierten Schokoladenkuchen. Ein paar überlieferte Geburtstagsklassiker wie Topfschlagen und viel Zeit zum freien Spiel sorgen für Abwechslung. Das hat unsere Geburtstagsgäste noch immer begeistert. Natürlich können sich die Kinder auch mal schminken oder eine Kleinigkeit basteln, aber große Festtüten mit Gewinnen und Kleinkram für die Gäste müssen wirklich nicht sein.
Stehen sie unter einem gewissen Druck, weil das in Ihren Kreisen so üblich ist? Sprechen Sie mit den anderen Müttern, Sie werden sehen, es gibt auch noch andere, die ebenso froh darüber wären, wenn sie solche Feste etwas bescheidener und ruhiger gestalten könnten.

Selbst gemacht ist kreativer:

Haben Sie schon einmal Knetmasse oder Seifenblasen mit Ihren Kindern selbst gemacht? Es geht ganz einfach und macht Riesenspaß. Rezepte finden Sie im Anhang.[19]
Vor allem wird dadurch den Kindern gezeigt, dass es nicht nötig ist, alles zu kaufen. Zusammenhänge, Bestandteile und der Wert eines Spielmaterials werden beim »Selbermachen« hautnah begriffen. Sie haben einen Bezug zu ihrem Werk.
Es gibt viele Möglichkeiten, sich mit Naturmaterial und anderen einfachen Dingen etwas Kreatives herzustellen. Fragen Sie doch einmal in der nächsten Schreinerei, Lederfabrik, Wollverwertung oder beim Bauern nach, ob Sie ein paar Reste von Wolle, Leder, Stroh, Holz usw. bekommen können. Wenn die Kinder Sie dabei begleiten, wissen sie gleich, woher die Werkstoffe kommen und woraus sie gemacht sind. Sie werden dann die interessantesten Spielsachen selbst entwerfen, herstellen und auf die Ergebnisse besonders stolz sein.

Second-Hand ist erste Wahl:
Eine andere Alternative bieten Second-Hand-Läden und Austauschbörsen, vorausgesetzt, man verfällt auch hier nicht in einen Konsumrausch!
Im Prinzip aber vertreten Secondhandkäufer die Meinung, dass sie ein Recyceln auf Umwegen verfolgen. Die einen bringen etwas, was sie nicht mehr brauchen, zum Verkauf und erwerben wesentlich kostengünstiger etwas »Neues«. Andere wiederum kaufen günstige, gebrauchte Artikel und verwerten diese weiter. Sie alle leben ihren Kindern andere Wege als die des schnellen Konsums vor.
Natürlich ist es für Kinder wichtig, auch neue Dinge zu bekommen. Neue Spielsachen und Kleidungsstücke werden dann einen besonderen Wert darstellen. Vielleicht kann man auf diese Weise einen besseren Bezug zu Konsumgütern herstellen? Kinder werden achtsamer damit umgehen.

Noch ein alter, aber bewährter Tipp:
Man kann sehr gut mit Freunden und Bekannten einen regelmäßigen Spielzeugtausch auf Zeit vereinbaren. Dabei werden Spiele, Kassetten, Bücher, Videos usw. untereinander für eine bestimmte Zeit ausgetauscht. Das macht den meisten Kindern großen Spaß, denn sie müssen sich mit ihren Spielsachen ganz anders auseinander setzen und mit dem Geliehenen sorgfältig umgehen. Mancher Wunsch kann auf diese Weise auf seine Haltbarkeit getestet werden.

Andere Alternativen für Schenkende, die etwas Zeit investieren können, sind Gutscheine für stimmungsvolle gemeinsame Erlebnisse. Solche gemeinsamen Erlebnisse könnten der Besuch auf einem Ponyhof mit anschließendem Reiten und Ausmisten sein, eine Fahrt mit dem faszinierenden ICE-Zug, eine Reihe von Schwimmbadbesuchen, eine Woche mit den Großeltern auf einer Selbstversorgerhütte oder eine Wanderung zu einem Sammelplatz von Gleitschirmfliegern vor dem Absprung. Solche Unternehmungen lassen sich liebevoll

ausgestalten und verschenken. Hier sind der Phantasie keine Grenzen gesetzt. Man muss sich nur über die Interessen des zu Beschenkenden informieren. Ich persönlich finde es wichtig, dass nicht Superlative an die Stelle von Supergeschenken treten, sondern ein Gefühl dafür entwickelt wird, welche Lebensräume den Kindern und Jugendlichen verloren gegangen sind. So fehlen z.B. Kindern eher Naturerfahrungen und Jugendlichen ein Hauch von Abenteuer. Wir können auf diese Weise solche Lücken schließen.
Und noch etwas: Man kann ganz liebevoll z.B. den Großeltern verständlich machen, dass ihr Besuch schon Freude genug bereitet und sie darüber hinaus weiter nichts als ihre gute Laune, ihre Aufmerksamkeit und viel Zeit mitbringen sollen!

Schenkt Euren Kindern Zeit!

Statt der üblichen Geschenke können nahe Bezugspersonen z.B. auch ein gutes Massageöl mit dazugehöriger »Behandlung« verschenken. Wir überraschten unsere Kinder einmal mit einem solchen »Gutschein«. Es waren wundervolle, ruhige Abende, an denen sich unsere Familie in einer harmonischen Gemeinschaft zu einer Massage zusammenfand. Wir hatten Zeit füreinander, erlebten Nähe und Atmosphäre und entspannten uns hervorragend. Die Kinder genossen vor allem den Hautkontakt und die vielen guten Gespräche.
Vor allem Letzteres ist meiner Meinung nach der springende Punkt: Erwachsene sollten viel mehr Zeit in Gespräche und gemeinsame Aktivitäten investieren. Dabei sind vor allem die Väter gefordert, die auch heute noch (im Zeitalter der Gleichberechtigung) zu wenig für ihre Kinder da sind.
Wer mit seinen Kindern durch Gespräche »in Kontakt« bleibt, kann sich sicher sein, auch in schwierigen Zeiten Zugang zu ihnen zu finden.

Das liebe Fernsehen

Wie viel Fernsehkonsum richtig ist, ist immer noch eine schwerwiegende Frage. Meiner Meinung nach könnte es immer noch ein bisschen weniger sein, denn bekannt ist, dass Kinder oft mehr schauen dürfen, als für ihre Entwicklung gut ist.

In Amerika – dem Land, in dem Kinder und Erwachsene wohl am meisten fernsehen – wurde eine neue »fernsehfreie Welle« ausgelöst. Der Verein *TV Free America* rief 1995 das erste Mal zu einer einwöchigen »Fernseh-Fastenzeit« auf. 1996 beteiligten sich bereits mehr als 3 Millionen Amerikaner daran. Landesweit haben 35 000 Schulen und Gemeindegruppen auch im neuen Jahr die »TV-Turnoff«-Woche vorbereitet. Auch Länder wie Kanada, Argentinien, Australien, Deutschland usw. zeigen großes Interesse daran, diese Fernsehdiät auch in ihrem Land einzuführen, denn die Teilnehmer sind begeistert, wofür sie plötzlich wieder Interesse entwickeln und wie viel Zeit sie haben.

Um einen besseren Umgang mit der »Flimmerkiste« zu erzielen, haben Fachleute für die Familie die verschiedensten Ideen publiziert.

In dem Buch *Bewusster fernsehen – ein Vier-Wochen-Programm für die Familie*[20] wird sehr anschaulich erklärt, wie man Kinder auf einen bewussteren und kritischeren Fernsehkonsum vorbereitet und diesen schließlich dann ganz reduziert. Allerdings sollte dieses Buch etwas weitläufiger ausgelegt werden.

Ich halte es z.B. nicht für sinnvoll, Kindern und Jugendlichen das Fernsehen ganz zu verbieten. Es ist und bleibt ein Teil unserer Gesellschaft und hat als Informationsquelle und zur Unterhaltung durchaus seine Daseinsberechtigung.

In der ersten Phase eines bewussten Umgangs nach Anderson Wilkins beobachtet sich jedes Familienmitglied selbst beim Fernsehen. Hierbei hilft eine Wochentabelle, in die die wichtigsten Daten aufgenommen werden.

Zum Beispiel kann man so vorgehen:

1. Uhrzeit und Titel der Sendung in die Wochenübersicht eintragen. Zum Beispiel: Sonntag, 11.30 Uhr, »Sendung mit der Maus«.
2. Aus welchem Grund sehe ich diese Sendung? Zum Beispiel zum Entspannen, Genießen, zur Unterhaltung, Wissensvermittlung usw.
3. Bewertung des Gesehenen. Zum Beispiel: Die Sendung war langweilig, zu hektisch, lustig, informativ ...

In den folgenden Phasen werden diese Informationen ausgewertet, ein Alternativverhalten wird ausgearbeitet (statt fernsehen kann man gemeinsam etwas unternehmen, basteln, Sport treiben usw.) und der Fernsehkonsum nach und nach reduziert.

In der Broschüre *Augenblick mal ...* (siehe Anmerkung 9) wird neben kurzen, prägnanten Informationen auch die witzige Idee von Fernsehgutscheinen vorgestellt. Man könnte dieses Verfahren wie ein Monopolyspiel aufziehen: Jedes Kind (warum nicht auch jeder Erwachsene?) erhält 20 Bons in der Woche. Ein solches »Wertzettelchen« kann man für eine Viertelstunde Fernsehen eintauschen. Diese Vereinbarung kann differenziert werden und dies ist besonders bei älteren Kindern angebracht, indem man unterschiedliche Qualitätsstandards setzt. Wenn der Nachwuchs unbedingt *Power Rangers* oder bestimmte Spielfilme sehen will, dann muss für eine Informationssendung weniger »bezahlt« werden als z.B. für einen aggressiven Actionfilm.

Abschließend ein paar Fakten zum Thema *Fernsehen mit Kindern*:

- ***Erwachsene sind Vorbilder – wenn sie zu viel fernsehen, dann werden das auch die Kinder tun.***
- ***Fernsehen wird noch interessanter, wenn man es zur Belohnung und Bestrafung einsetzt.***
- ***Kinder lieben am Fernsehen das vielseitige Angebot, die Technik, die Action, das Abenteuer, die Werbung ...***
- ***Kinder unter drei Jahren und Vorschulkinder sollten nicht ohne Eltern fernsehen, da sie Ängste, Spannungen und eigene Gefühle alleine schlecht verdauen können. Sprechen Sie mit Ihren Kindern über das Gesehene!***
- ***Gewalt im Fernsehen muss nicht unmittelbar zu eigenen Gewaltanwendungen führen. Wenn Ihr Kind aber über eine längere Zeit aggressive Filmszenen nachspielt, sollten Sie hellhörig werden!***
- ***Kinder lernen den richtigen oder falschen Umgang mit dem Fernsehen weitgehend zu Hause!***

Deshalb:
Machen Sie einen Fernsehwochenplan für die ganze Familie, wenn Sie das Gefühl haben, Ihre Kinder sehen zu viel »in die Kiste«.

Vereinbaren Sie einen fernsehfreien Tag und unternehmen Sie dafür etwas Gemeinsames.

Vorschulkinder sollten nicht länger als 30 Minuten am Tag, Sechs- bis Achtjährige nicht länger als eine Stunde am Tag und ältere Grundschüler nicht länger als eineinhalb Stunden am Tag fernsehen (Empfehlungen aus Alles auf Empfang? – Familie und Fernsehen, siehe Anmerkung 9).

Auch beim Video- und Computerkonsum sollte man Grenzen setzen!

Wer sich noch weiter zum Thema Medienkonsum informieren will, findet im Anhang unter der Anmerkung 9 weitere Adressen.

Bewusster Konsum und Genuss können erlernt werden

Da Konsum in unserer heutigen Gesellschaft unvermeidlich ist, sollten Eltern und Berufspädagogen ihre Schützlinge darauf vorbereiten. Weil – wie wir gesehen haben – übermäßiger Konsum zu einer Sucht führen kann, müssen wir den kritischen und bewussten Umgang mit dem eigenen Konsumverhalten erst erlernen und vor jedem Kauf die Vor- und Nachteile eines Produktes abwägen.

Ein Kind oder Jugendlicher sollte sich selbst fragen: Brauche oder möchte ich das Gewünschte wirklich? Warum ist mein Wunsch so wichtig? Habe ich Vergleichbares zu Hause? Kann ich Altes wieder reparieren? Gibt es Alternativen zu Anschaffungen oder Verhaltensformen?

In Gesprächen kann die Familie gemeinsam besprechen, welche Produkte teuer oder überteuert sind oder wie lange man für eine bestimmte Summe arbeiten muss, um sie zu verdienen. Geldgeschäfte sollten den Heranwachsenden transparenter gemacht werden. Eigene oder gemeinsame Anschaffungen können zusammen mit den Kindern kritisch überdacht werden.

Um der Werbung ein bisschen den Wind aus den Segeln zu nehmen, kann man ihren größten Bewunderern – den Kindern – schon früh beibringen, die verschiedenen Werbestrategien zu durchschauen.

Dabei können sie z.B. erkennen lernen, welches Produkt sinnvoll ist, was es wirklich wert ist, ob es nützlich ist und was hochwertige von schlechten Spielsachen unterscheidet.

Erwachsene sollten sich auch immer selbst über die Produktwerbung informieren, damit sie ihren Kindern gegenüber mit stichhaltigen Argumenten dagegenhalten können.

Will man die Fernsehwerbung ganz vermeiden, ist das Aufnehmen der gewünschten Fernsehsendungen auf Video am einfachsten. Man kann dann die unerwünschten Werbeeinlagen schnell überspulen. Zudem gibt es in der Zwischenzeit werbefreie Kinderkanäle. Als Eltern und Pädagogen sollten wir auf unsere Weise der permanenten Berieselung von Werbeträumen entgegentreten, wenn schon Vereinigungen und Aufrufe nichts nützen.

Zwischen den Wörtern »konsumieren« und »genießen« liegen Welten. Stellen Sie sich dazu ein Lokal mit zwei Tischen vor. An einem sitzt ein Herr, der vor sich sein bestelltes Menü sieht. Er fängt mit Appetit zu essen an und liest gleichzeitig eine Zeitung, die er neben den Teller gelegt hat. Dieser Mensch konsumiert zwar mit Bewusstsein, doch ohne Genuss.

Sein Nachbar sitzt ebenso vor seinem Teller, trinkt genussvoll seinen Wein und verspeist langsam, mit Freude und genussvoll sein Gericht. Er genießt mit allen Sinnen, schneidet sich kleine Häppchen zurecht und freut sich darüber, dass er sich heute etwas Gutes tut.

Auch im Alltag mit Kindern kann man solche »Genuss-Inseln« einführen und zelebrieren. Dazu gehört vielleicht ein liebevoll gedeckter Samstagmorgentisch mit (selbst gepflückten?) Blumen und frischen Brötchen vom Bäcker oder das Vorlesen der Lieblingsbücher vor dem Zubettgehen. Sie können Freunde einladen und miteinander einen schönen Sommertag in der Natur verbringen. Auf einer Blumenwiese wird ein gemeinsam vorbereitetes Picknick veranstaltet, anschließend könnten Sie singen, Blumen pflücken, Ball spielen und den herrlichen Tag mit allen Sinnen in sich aufnehmen.

Erwachsene können wunderbare Vorbilder für die Kunst des Genießens sein, wenn sie selbst Freude an solchen Situationen und auch genug Muße dazu haben. Wir selbst führen mit unseren Kindern Gespräche über die Dinge und Situationen, die wir miteinander genossen haben, damit sie sich dessen besser bewusst werden.

Ebenso wichtig empfinde ich die Tatsache, dass schöne Genussmomente nur entstehen können, wenn sie nicht zu häufig erlebt werden.

Es muss Dinge geben, die etwas Besonderes sind.

Osterhasen oder Schokoladennikoläuse entwickeln, obwohl sie unsinnigerweise schon Monate vorher verkauft werden, ihr besonderes Flair nur in dem einen Moment, in dem sie etwas Symbolisches darstellen sollen und die gesamte Situation damit verbunden ist. Und das ist nun mal nur an dem entsprechenden Feiertag!

Wie komme ich an ein suchtgefährdetes Kind oder einen suchtgefährdeten Jugendlichen heran?

Vielleicht hatten Sie in letzter Zeit das Gefühl oder den Verdacht, dass Ihr Kind Drogen nimmt. Sie fragen sich nun, ob es eventuell Hinweise gibt, die auf eine Suchtgefährdung hinweisen.
Es gibt Signale, die Aufschluss darüber geben können.
Zum Beispiel:

- ***wenn langjährige Freundschaften plötzlich auseinander gehen.***
- ***wenn Ihr Kind nur schwer Freunde findet und viel alleine ist.***
- ***wenn Kinder und Jugendliche zu nichts mehr Lust haben, ihnen alles egal wird.***
- ***wenn die betreffende Person dem Leben gegenüber nur noch negativ und traurig eingestellt ist.***
- ***Schulleistungen plötzlich sehr nachlassen.***
- ***wenn Ihr Kind davon spricht, nicht mehr leben zu wollen.***
- ***wenn keine geeigneten Möglichkeiten mehr gefunden werden, mit Problemen umzugehen (dafür aber Wutausbrüche vorkommen, das Kind verzweifelt ist oder wegläuft).***

Bei alledem könnte es aber genauso gut sein, dass Ihr Kind sich gerade in einer besonders schwierigen Pubertätsphase befindet, die auf diese Weise zum Ausdruck kommt!
Deshalb müssen sie sich zunächst diesen Problemen gegenüber vorurteilslos öffnen und engagiert mit ihrem Kind darüber sprechen und ihm Ihre Hilfe anbieten.
Es hat keinen Sinn nach Beweisen zu suchen, um einen eventuellen Verdacht zu untermauern. Was hilft das schon, wenn Ihr Kind nach einer »Durchsuchung« kein Vertrauen mehr zu Ihnen hat.

Das Vertrauen und die Basis für ein gemeinsames Weiterkommen liegen im Gespräch.

Wenn Eltern zufällig entdeckt haben, dass ihr Kind eine Droge ausprobiert hat, ist es wichtig, nicht in Panik oder Vorwürfe zu verfallen, sondern in einem ruhigen Gespräch das betroffene Kind die Situation schildern zu lassen. Es hat keinen Sinn, immer wieder auf die gefährlichen Folgen eines solchen Konsums zu sprechen zu kommen. Sie können aber Ihre Ängste und eigenen Erfahrungen ausdrücken. Es würde das Vertrauensverhältnis zu Ihrem Kind zerstören, wenn Sie in seinem Zimmer herumstöberten oder es bestraften[21].
Eltern, die aufgrund eines stark veränderten Verhaltens oder körperlichen Zustandes den Verdacht haben, dass ihr Kind schon länger Suchtmittel einnimmt, sind im ersten Moment sehr verunsichert. Oft wissen sie nicht genau, welche Symptome auf ein Suchtverhalten schließen lassen. An anderer Stelle (siehe hierzu das Kap. *Wenn Konsum zur Sucht wird*, S. 82 ff.) finden Sie eine Liste der wichtigsten Drogen und ihrer Symptome.

Weiterhin ist es wichtig, dass Sie so schnell wie möglich Kontakt zu einer Drogenberatungsstelle aufnehmen. Dort wird im gemeinsamen Gespräch mit den Fachkräften erörtert, ob Ihr Verdacht begründet ist. Wenn sich Ihr Verdacht bestätigen sollte, ist es wichtig, mit der Beratungsstelle zusammenzuarbeiten, weil Sie auf keinen Fall versuchen sollten, Ihr Kind im Alleingang von der Droge loszubekommen. Diese Versuche scheitern so gut wie immer.

Das Gespräch:
Besonders wichtig erscheint mir eine ruhige, offene Atmosphäre. Suchen Sie sich einen ruhigen Zeitpunkt aus, um mit Ihrem Kind zu sprechen.
Das erste Problem kann darin bestehen, dass das Kind bzw. der Jugendliche die Sucht vor sich und/oder den anderen leugnet. Sie können dann ihre eigenen Beobachtungen oder gefundenen »Suchtgegenstände« vorbringen und gleichzeitig erklären, dass Sie mit einer Drogenberatungsstelle gesprochen haben. Sie sollten hierbei weder drohend noch verurteilend dem Betroffenen gegenüber auftreten, sondern sachlich bleiben und Anteilnahme zeigen. Erklären Sie auch, unter welchen Umständen Sie die »Utensilien« gefunden haben, damit nicht der Eindruck entsteht, Sie hätten danach gesucht.
Sie sollten auch damit rechnen, dass der Süchtige abwehrend reagiert. Das kann daran liegen, dass das Eltern-Kind-Verhältnis gestört ist, keine Vertrauensbasis vorhanden ist oder der Jugendliche den Tatbestand beharrlich leugnet. Im ersten Fall können andere Vertrauenspersonen als Mittelsmänner oder -frauen eingeschaltet werden. Wenn der Heranwachsende aber seine Sucht verleugnet, bleibt Ihnen nur übrig, abzuwarten und die Situation nicht durch eigenes Zutun zu unterstützen und damit zu verlängern.
Es würde nicht helfen, wenn Sie Ihr Kind in seinem Suchtverhalten – eventuell mit Vertuschungsversuchen – stützen

würden. Sinnvoller wäre eher ein Nicht-Helfen, indem Sie Ihrem Kind erklären, dass Sie zwar immer für sie oder ihn da sind, aber nicht bedingungslos. Denn der oder die Betreffende muss versuchen, sich von der Sucht zu lösen.

Dieser Schritt wird nicht einfach sein, denn der Jugendliche oder das Kind wird große Schwierigkeiten haben, darauf einzugehen. Auch in diesem Fall sollten sich Eltern oder auch Pädagogen (in Tagesstätten, im Hort oder Heim ...) Unterstützung bei ihrem Suchtberater oder in Selbsthilfegruppen holen. Dort wird mit Ihnen erarbeitet, wie Sie mit schwierigen Gesprächssituationen umgehen und zu einer Heilung des Suchtverhaltens beitragen können. In vielen Fällen hilft nur eine eigens abgestimmte Therapie.

Die wichtigste Voraussetzung für die erfolgreiche Behandlung eines Süchtigen ist die Aufnahme einer Therapie aus eigener Überzeugung!

Wo bekomme ich Hilfe?

Wenn Sie zuerst einmal mit einer Ihnen und Ihrem Kind vertrauten Fachkraft reden wollen, sind sie bei Ihrem Hausarzt an der richtigen Adresse. Dort kann man sein Herz ausschütten und gemeinsam überlegen, wie weiter vorzugehen ist. In den meisten Fällen wird Sie der Hausarzt an eine spezifische Beratungsstelle weiterempfehlen.
Ebenso besteht die Möglichkeit, gleich selbst mit einer Suchtberatungsstelle Kontakt aufzunehmen.
Informationen und Adressen bekommt man (auch anonym) über das örtliche Gesundheits- oder Jugendamt. In den meisten Tageszeitungen kann man im Lokalteil die Adressen der verschiedenen Beratungsstellen oder Selbsthilfegruppen nachlesen oder über das Telefonbuch ausfindig machen, wobei viele unter der entsprechenden Trägerorganisation (z.B. Diakonisches Werk, Arbeiterwohlfahrt usw.) zu finden sind.

Die Beratungsstelle hilft mit erfahrenen, spezialisierten Fachkräften den betroffenen Eltern oder Süchtigen, die eigene Situation klarer zu überdenken und der Realität ins Auge zu blicken. Gemeinsam werden Maßnahmen zur Lösung der Probleme erarbeitet.

Dort werden Sie und Ihr Kind auch bei der Auswahl einer geeigneten Therapieeinrichtung unterstützt und beraten. Beratungsstellen sind immer kostenlos!

Trotzdem kostet es viel Überwindung, sich einfach bei einer Beratungsstelle anzumelden! Viele Menschen haben falsche Hemmungen und fühlen sich gedemütigt, wenn sie sich vor anderen eingestehen müssen, es nicht mehr alleine zu schaffen. Man kommt sich vielleicht sogar »unnormal« vor.
Deshalb sollten Sie sich vor Augen führen, dass die Angestellten von Beratungsstellen eben diese Situation tagtäglich bei vielen anderen Ratsuchenden erleben und sich darum auch sehr gut in Ihre Situation hineinversetzen können.
Außerdem unterliegen sie ebenso wie Ärzte einer Schweigepflicht und sind deshalb auch (z.B. bei illegalen Suchtmitteln oder Straftaten) nicht anzeigepflichtig.
In Selbsthilfegruppen finden sich Menschen zusammen, die eigene Erfahrungen mit Suchtmitteln gemacht haben oder die immer noch süchtig sind. Im Gruppengespräch werden Problemsituationen und Auswege besprochen. Es gibt auch Selbsthilfegruppen für Angehörige wie z.B. Al-Anon Familiengruppen (Alkoholsucht) für Angehörige und Jugendliche (siehe Anmerkung 17).

Was ist Suchtprävention?

Seit vielen Jahren nimmt das Thema »Suchtprävention« (Suchtvorbeugung) einen Schwerpunkt in verschiedenen Institutionen ein, besonders in der Aktion Jugendschutz (Landesarbeitsstelle Bayern) und der Bundeszentrale für gesundheitliche Aufklärung.
Die Methoden der Sucht-Prävention (Vorbeugung krankhaften Konsumverhaltens) haben sich von einer vorwiegend nüchternen Aufklärungs- und Abschreckungsmethode zu neuen Ansätzen gewandelt.
Heutzutage will man nicht erst eingreifen, wenn Therapieformen benötigt werden, sondern vorbeugend und frühzeitig helfen und Einfluss nehmen.

Suchtprävention ist heutzutage in das Gesamtkonzept der Gesundheitserziehung und Gesundheitsförderung eingebettet, das heißt man setzt nicht erst am Ende eines langen Suchtweges an, sondern beginnt dort, wo die meisten Suchtursachen liegen – in der Kindheit.

In der Kindheit werden Fähigkeiten erworben, die man braucht, um ein gesundes Leben (ein lebensbejahendes, selbstbewusstes und selbständiges Leben) führen zu können.
Die Suchtvorbeugung gliedert sich in Primärprävention (Vorbeugung im Vorfeld der Suchterkrankung), Sekundärpräven-

tion (Vorbeugung für Suchtgefährdete) und Tertiärprävention (Rückfallvorbeugung für ehemalige Suchtkranke).
Bei Suchtvorbeugung darf man nicht nur an illegale Drogen wie Heroin, Marihuana usw. denken. Es gibt viele Suchtprobleme in gesellschaftlich anerkannten oder vertuschten Bereichen wie z.B. Ess-Störungen, Kaufsucht, Nikotin- und Medikamentenabhängigkeit ...
Wissenschaftliche Studien (z.B. am Institut für Therapieforschung [IFT] in München, 1990) haben gezeigt, dass man zu Beginn der (Konsum-)Entwicklung eines Kindes auf der Basis der so genannten Lebenskompetenzförderung dem Umgang mit Suchtmitteln und dem missbräuchlichen Konsum von Suchtmitteln vorbeugen kann.
Lebenskompetenzförderung bedeutet in diesem Zusammenhang: Förderung der Kommunikationsfähigkeit, des Selbstbewusstseins, der Kontaktfähigkeit und der Eigenverantwortlichkeit.
Diese Eigenschaften müssen sich von klein auf entwickeln, deshalb sollte die Suchtprävention schon in der Kindheit beginnen.

Spielzeugfreies oder -reduziertes Zuhause

In den letzten Jahren wurden einige Fachbuchveröffentlichungen und Zeitungsartikel wie *Zu viel Spielzeug im Kinderzimmer, Taschengeldforderungen steigen, Erster Alkohol- und Nikotingebrauch schon mit vierzehn Jahren* usw. publiziert.
Seit geraumer Zeit ist das Interesse gestiegen, frühzeitig und auf ganzer Ebene Konsum- und Suchtprobleme anzugehen. Heute werden Eltern in fast jeder Zeitschrift in regelmäßigen Abständen über dieses Thema aus verschiedenen Blickwinkeln informiert. Das Bewusstsein dafür, dass sich in unserem eigenen Konsumverhalten und dem der Kinder etwas ändern muss, wächst stetig.
Institutionen wie Kindergärten, Kindertagesstätten, Schulen und Gesundheitsämter versuchen diese Überlegungen in die Praxis umzusetzen.
Bisher gibt es nur wenige Publikationen, die Eltern praktische Tipps an die Hand geben, wenn sie konkret etwas ändern wollen.

Wenn aber Suchtprävention und der Slogan »Kinder stark machen – zu stark für Drogen« verwirklicht werden soll, dann kann und muss er in erster Linie bei den Menschen ansetzen, die den Kindern am nächsten sind – und dies sind die Eltern!

Sie haben die beste und früheste Möglichkeit, eingefahrene Gewohnheiten aufzugeben und die oben genannten Institutionen durch ihre Überzeugung und Mithilfe zu unterstützen. Natürlich verlangt ein Umdenken in Bezug auf herkömmliche Lebensweisen sehr viel von uns allen. Alte Gewohnheiten müssen in Frage gestellt und die eigene Einstellung zum Konsum eventuell revidiert werden. Und Neues benötigt Zeit, um zu wachsen.

Im Gegenzug bietet sich uns eine andere, interessante und kreative Welt, in der genug Platz für das Wichtigste in einer Familie ist – für Beziehungen.

Spielzeugreduziert oder spielzeugfrei zu Hause basiert auf den theoretischen Grundlagen des »Spielzeugfreien Kindergartens« und wird der eigenen Motivation und den Möglichkeiten einer jeden Familie angepasst.
Das Grundprinzip liegt in einer einfachen Idee begründet: Kinder besitzen oft zu viel Spielzeug und sind manchmal schon fast abhängig von Fernsehen, Freizeitbeschäftigungsprogrammen u.a. Trotz der Vielfalt gibt es viel Streit um Spielsachen, aus Langeweile und aufgrund von Ideenarmut. Eine spielzeugfreie Zeit soll Kinder vom gewohnten Konsumverhalten lösen. Das »Wenige« lässt sie wieder freier und kreativer werden. Alles oder das meiste Spielzeug, Spiele, Bücher, Hilfsmaterialien wie Stifte, Scheren und Rollenspielmaterialien werden gemeinsam aussortiert. Zurück bleibt ein leerer Raum mit dem Mobiliar und ein paar Decken und Kissen oder einige wenige Spielmaterialien.
Um Ihnen diese Idee etwas näher zu bringen, möchte ich Ihnen ein Beispiel aus meinem eigenen Erfahrungsschatz beschreiben:

Unsere Tochter Marie-Susan (sieben Jahre) und unser Sohn Nikolai (drei Jahre) hatten eine Spielphase, in der sie ihre Spielsachen kaum beachteten oder mit Inbrunst um einen Gegenstand stritten, den beide natürlich unbedingt gleichzeitig haben wollten. Es folgten Zeiten der gähnenden Langeweile oder der Zerstörungswut.
Die ganze Familie war mit der Situation unzufrieden. Ich hatte gerade eine Hospitation in einem nahe gelegenen Ganztageskindergarten hinter mir. Dort gab es ähnliche Spielsituationen wie bei uns zu Hause. Deshalb hatten sich die Erzieherinnen dazu entschlossen, das Projekt »Spielzeugfreier Kindergarten« zu verwirklichen.
Am Abend erzählte ich meinem Mann von den Beobachtungen und Ideen im Kindergarten und wir überlegten, ob wir diese Vorgehensweise nicht auch in unserem Kinderzimmer

ausprobieren sollten. Wir beschlossen, es am nächsten Tag mit den Kindern zu besprechen.

Familienkonferenz

Wir setzten uns also zusammen und besprachen die Probleme, welche jeder Einzelne von uns im Bezug auf das Spielverhalten und das Kinderzimmer hatte.
Wir Erwachsenen konnten nicht verstehen, warum die Kinder so viel stritten oder uns auf die Nerven gingen, wenn sie nicht »glücklich und zufrieden« mit den schönen Spielsachen spielten.
Unsere Tochter störte am meisten, dass es im Kinderzimmer oft so schnell chaotisch aussah, weil angeblich der Bruder so viel herumwarf. Außerdem war ihrer Meinung nach das ewige Aufräumen so blöd, und dies war auch der Grund, warum sie erst gar nicht mit dem Spielen anfangen wollte. Und überhaupt empfand sie Vieles als »echt« langweilig.
Der kleine Bruder machte sich da noch wenig Gedanken, er fand aber das Streiten auch nicht schön.
Vorsichtig schlugen wir vor, ob wir nicht einen Teil der Spielsachen, die niemand mehr brauchte und die oft nur herumlagen, aussortieren könnten. Damit waren die beiden schnell einverstanden.
So verschwand die Hälfte der Bücher, die Hälfte der Konstruktionsmaterialien und die weniger beliebten Puppen und Bären. Beim Saubermachen entschieden wir uns dafür, einen Großteil der zum Teil kaputten Mitbringsel, Geburtstagspreise und Krimskramssachen auszusondern.

Spielzeugfrei mit Kompromissen

Spielzeugfrei heißt ohne Spielzeug auszukommen. In einer großen Einrichtung mit vielen gleichaltrigen Kindern ist das sehr gut möglich. Doch die einen oder anderen Eltern werden sich fragen, wie das mit ihren zwei, drei Kindern aussieht und ob das Projekt auch für Einzelkinder realisierbar ist.
Hierbei gilt, dass der Motivation und der Familiensituation entsprechend individuell entschieden werden sollte, ob man die »klassische Methode« (also ganz auf Spielzeug zu verzichten) verfolgt oder »Spielzeugfrei mit Kompromissen« ausprobiert.
In unserer Familie wollten sich die Kinder nicht von all ihren Spielsachen trennen. Wir verfolgten das Projekt auch nicht nach fachlichen Kriterien und fanden in einer starken Reduzierung der Fülle ein geeignetes Mittel, einen bewussteren Umgang mit Spielmaterialien zu fördern.
So blieben in unserem Kinderzimmer noch ein paar wenige Bücher, ausgesuchtes Mal- und Bastelmaterial, zwei Puppen und zwei Kuscheltiere, eine kleine Kiste mit Holzeisenbahnschienen, ein Doktorkoffer und ein Ball übrig. Weiterhin standen Kissen, Seile, Tücher und die allseits beliebte Hängematte bereit.
Uns war wichtig, dass wir in der Folge nicht zu Animateuren unserer spielzeugreduzierten Kinder wurden, und wir zogen uns auch in diesem Punkt etwas zurück.

Für viele Familien könnte der spielzeugreduzierte Kompromiss eine reale Möglichkeit darstellen, ihre Kinder zu einem anderen Umgang mit sich, den Spielpartnern und Spielmaterialien zu bewegen.

Als ich die oben genannte Aufstellung betrachtete, dachte ich mir, eigentlich ist das für ein normales Kinderzimmer eine recht geringe Spielzeugauswahl, doch bei näherer Betrachtung gab es noch vielfache Spielmöglichkeiten.
Wir empfanden es wie ein kleines Abenteuer, als die erste Woche in unserem stark veränderten Kinderzimmer begann.

Veränderungen im kindlichen Spiel

Zuerst einmal bemerkten alle in der Familie, dass das Kinderzimmer viel größer wirkte, weil viele Gegenstände verschwunden waren.
Dann beobachteten wir sehr schnell, dass sich das ewige Streiten zugunsten neuer Spiele reduzierte. Plötzlich wurden viele Spiele mit Seilen, Tüchern und Kissen aktuell. Beide Kinder konnten sich im Spiel mit den einfachen Materialien und ihrer Phantasie gleichberechtigt einbringen. Die alten Strukturen waren durchbrochen.
Klassiker wie der Ball, die Hängematte, die Seile und Tücher waren wieder sehr beliebt und eröffneten den Kindern mit viel Ideenreichtum immer neue Varianten. Das Aufräumen war überhaupt kein Problem mehr. Unsere beiden gingen viel verantwortungsvoller und sozialer miteinander um.
Marie-Susan und Nikolai sammelten mit der Zeit alles, was sie auf verschiedenen Spaziergängen und Streifzügen interessant fanden. Wir stellten ein Schatzkörbchen für die Naturmaterialien und andere schöne Dinge bereit.
Das Spiel der Kinder weitete sich in dieser Zeit häufiger auf die ganze Wohnung aus, weil der Esstisch zum Schiff oder z.B. im Elternbett auf den Matratzen gehopst wurde.
Wir Erwachsenen beschlossen, den Kindern auch mehr Raum in unserer Wohnung zu geben, weil das intensive Spiel der beiden uns zeigte, dass das Kinderzimmer die Kinder beim Spiel oft zu stark einschränkte.

Der Haushalt wurde immer öfter gemeinsam oder im Beisein der Kinder abgewickelt. Wir kochten oft mit großem Gekicher gemeinsam und führten dabei die schönsten Gespräche. Diese gemeinsamen Gespräche verschafften uns allen eine viel größere Nähe und führten zu mehr gegenseitigem Verständnis.
Manchmal kam auch Langeweile auf. Wir Eltern waren in diesen Zeiten stärker versucht, Vorschläge zu machen oder die Situation zu entschärfen. Doch nachdem wir durchgehalten hatten, entdeckten wir, dass diese Phase sehr wohl nötig war, um einen neuen Schub der Kreativität und des intensiven Spiels auszulösen.
Nicht nur drinnen, sondern auch draußen in der Natur setzte sich bei den Kindern der Trend fort, mit wenig Materialien, die sie oft in ihrer Umgebung fanden, zu spielen. Fahrzeuge wie Dreirad, Roller oder Fahrrad waren weiterhin sehr wichtig und wurden nicht abgeschafft.
Wie schon erwähnt, stritten unsere Kinder viel weniger und das soziale Miteinander stand im Vordergrund.
Im Vergleich zu ihrem vorherigen Spielverhalten dehnten sich die Spielsituationen wesentlich aus. Die Kinder spielten intensiver miteinander und entwickelten viel mehr eigene Ideen. Einige Dinge wurden zweckentfremdet und viele Haushaltsgegenstände mit ins Spiel einbezogen.
Neue Spielmaterialien wie z.B. eine Rutsche, ein Fernrohr oder eine Babytrage bauten sie aus den vorhandenen Materialien zusammen. Jede Klopapierrolle und jede Werbepost wurde von unserer Tochter sofort eingezogen und verwendet. Manchmal entstanden auf diese Weise kleine Projekte wie z.B. das »Postamt« oder die »Hüpfburg«.

»Familiengespräche«

Nach zwei Wochen hatten wir unsere erste Gesprächsrunde. Wir fragten die Kinder, ob ihnen ihr Kinderzimmer so gefiele. Sie antworteten, dass sie es gut finden würden und so weiterspielen wollten. Es gab keine Klagen über Spielsachen, die ihnen fehlten, und sie fragten auch nicht, wann sie wieder ihre aussortierten Sachen bekämen.

Wir konnten es kaum glauben, aber all die vielen Dinge, die wir auf den Dachboden gebracht hatten, waren wie vergessen. Waren sie vielleicht nicht so wichtig?

Wir gewöhnten uns an, regelmäßige »Familiengespräche« zu führen. Die gesamte Familie empfand sie als wichtig und schön. Wir sprachen über Veränderungen, Ideen, Probleme und Gefühle. Jeder Teilnehmer wurde dabei sehr ernst genommen, auch wenn er seine Belange nicht so richtig verbalisieren konnte.

Nach dieser »spielzeugreduzierten Zeit« einigten wir uns, wieder etwas von dem aussortierten Spielzeug ins Kinderzimmer zurückzuholen, denn auch wir wollten unsere Kinder nicht zur Askese, sondern zu einem bewussteren Umgang erziehen.

Auf die Frage, was die beiden wieder haben wollten, erbaten sie sich nur ein paar wenige Dinge. Viele Spielmaterialien waren plötzlich nicht mehr so wichtig, weil ihr Spielwert nicht groß war.

Wir führten ein, dass wir – um einer Anhäufung von Spielzeug vorzubeugen und um Platz zum Spielen zu schaffen – neue Spielmaterialien immer gegen alte austauschten.

Zum Beispiel wollten die Kinder gerne Legobausteine haben und gaben dafür die Holzeisenbahn zum Tausch. Das eine wurde vom Dachboden geholt und das andere dort wieder verstaut. Solange, bis ein neuer Wunsch entstand.
Das hatte zur Folge, dass die Kinder mit Spielsachen, die eine Weile aus dem Verkehr gezogen worden waren, nach einer Pause wieder sehr gerne und ausdauernd spielten. Dadurch hatten wir auch weniger Probleme mit dem Aufräumen. Darüber hinaus begeisterte uns, wieder mehr Platz im Kinderzimmer zu haben.

Noch ein Tipp:
Eltern, die für ihre Familie eine spielzeugfreie oder spielzeugreduzierte Zeit planen, sich aber nicht so recht vorstellen können, ob es bei ihnen funktioniert, können erste Erfahrungen in einem kleinen Probelauf sammeln.
Probieren Sie doch einmal ein spielzeugfreies bzw. -reduziertes Leben im Urlaub aus!
Wir haben dieses kleine Projekt vor Jahren aus Platzmangel im Koffer und später aus Prinzip durchgeführt. Denn wir entdeckten, dass unser anfangs mühsam gepacktes Spielzeugreservoir im Urlaub nur sehr selten gebraucht wurde, weil es dort so viele Naturerfahrungen und »Abenteuer« zu erleben gab, und das Spielzeug schlichtweg hinderlich und überflüssig war.
Seither befinden sich im Reisegepäck unserer Kinder höchstens ein Märchenbuch, Malstifte und Papier. Und es klappt wirklich!
Auf diese Weise sind die Kinder sehr bemüht, Anschluss an andere Kinder zu bekommen. Mit ihren neuen Freunden unternehmen sie dann kleine Ausflüge in die Natur. Wiesen und Wälder, Tiere, das Meer oder ein Bach bzw. See bieten ungeahnte Möglichkeiten, eigene Entdeckungen und Abenteuer zu erleben.
Außerdem sorgt die meist gesteigerte Auseinandersetzung

innerhalb der Familie in dieser sehr intensiven Zeit für genügend zwischenmenschliche »Arbeit«. Dafür sollte man sich Zeit nehmen!

Anmerkung:
Eine mir bekannte Familie verbrachte ihren dreiwöchigen Urlaub in Griechenland und hatte kein Spielzeug dabei.
Zu Hause wurde mit den drei Kindern so viel darüber diskutiert, was und warum man bestimmte Gegenstände mitnehmen sollte, dass zuletzt alle gemeinsam beschlossen, einmal gar nichts mitzunehmen.
Die drei Wochen vergingen ohne große Langeweile, da sich die Familie viel miteinander beschäftigte und das Land sehr intensiv erkundete.

Gesprächskreis für Eltern

In verschiedenen Städten werden z.B. von den Erziehungsberatungsstellen, der Familienbildungsstätte oder der Volkshochschule Gesprächskreise zu Themen der Erziehung angeboten.

In regelmäßigen Abständen kommen an diesen Abenden engagierte Eltern mit Fachleuten zusammen, um über aktuelle Erziehungsfragen zu diskutieren, eigene Probleme vorzutragen, andere Meinungen zu hören und neue Erziehungsschwerpunkte zu erarbeiten.

Die Abende sind sehr praxisorientiert und vielseitig. Es werden Kleingruppen gebildet, Situationen in Rollenspielen erarbeitet usw.

Speziell zum Thema »Suchtvorbeugung« haben sich z.B. im Landkreis Neu-Ulm Eltern zu einem solchen Gesprächs- und Arbeitskreis zusammengefunden. Dieser wurde gut angenommen, weil man auf Vorträge zugunsten von Gesprächen und gegenseitigem Austausch verzichtet hat.

Wenn Eltern Interesse an einem Gesprächskreis haben, sollten sie ruhig andere Eltern ansprechen und auf örtliche Institutionen wie Gesundheitsämter, Beratungsstellen und Volkshochschulen zugehen und ihren Bedarf anmelden.

Was kann der Kindergarten tun?

Im Kindergarten oder auch anderen pädagogischen Tageseinrichtungen entstehen in der Regel die ersten und wichtigsten außerfamiliären Einflüsse auf Kinder und deren Familien. Pädagogen können an ihrer Arbeitsstätte schon bei kleinen Kindern sehr viele Ideen der Suchtprävention umsetzen.
Kindergartenkinder orientieren sich gerne und sehr motiviert an »ihrer« Erzieherin und an neuen Ideen, die im Kindergarten propagiert werden (z.B. Zähneputzen, gesundes Frühstück usw.). Erzieher haben einen großen Einfluss auf Kinder!
Immer mehr Einrichtungen werden sich mit der zunehmenden Reizüberflutung und dem Überfluss von Spielmaterialien auseinander setzen müssen. Vielen Pädagogen geht das ewige Gerangel um die Spielsachen auf die Nerven. Wiederum andere sehen in ihrem Einfluss eine echte Chance, Kindern elementares Spielen ohne Superanimation von außen zu ermöglichen.

Aufgrund ihrer Beobachtungen registrieren Kollegen eine steigende Unfähigkeit der Kinder, ausdauernd und intensiv zu spielen. Diese Situation und eine starke Zunahme von Suchtproblemen, deren Wurzeln sich bis in die Kindheit zurückverfolgen lassen, haben dazu geführt, dass das Konzept des »Spielzeugfreien Kindergartens« ausgearbeitet wurde.

Der Spielzeugfreie Kindergarten

Es handelt sich hierbei um ein Projekt zur Suchtprävention für Kinder und mit Kindern. Elke Schubert und Rainer Strick entwickelten dieses Projekt auf der Basis ihrer Arbeit im Suchtarbeitskreis Weilheim-Schongau und begleiteten die Umsetzung des Projekts erstmals 1993 in der Kindertagesstätte Penzberg. Sie beschreiben das Projekt in einer Broschüre mit vielen theoretischen und praktischen Informationen, die durch etwas Bildmaterial ergänzt werden.
Während des Projekts »Spielzeugfreier Kindergarten« sollten die Kinder drei Monate lang ohne Spielzeug und stark vorgegebene Materialien bzw. Abläufe auskommen. Die Broschüre wird von der Aktion Jugendschutz (Landesarbeitsstelle Bayern e.V.)[22] herausgegeben.

Ziele

Das wichtigste Ziel des spielzeugfreien Kindergartens ist die Lebenskompetenzförderung, das heißt:

- Förderung des Selbstvertrauens
  (»Ich kann das!«, »Ich bin wichtig und gut so!«, »Ich nehme meine Wünsche und Bedürfnisse wahr!«, »Ich werde geliebt!«, »Ich kann ›nein‹ sagen!«)
- Förderung der Kommunikationsfähigkeit
  (»Ich kann mit anderen über meine Belange reden!«, »Wir finden Kompromisse!«, »Wir entwickeln gemeinsam Ideen!«)

- Förderung der Selbständigkeit
  (»Ich kann vieles ohne Hilfe bewältigen!«, »Ich habe mein Leben im Griff!«, »Ich bin selbst aktiv!«)

- Förderung sozialer Kompetenzen
  (»Ich helfe dir!«, »Jeder ist gleichberechtigt!«, »Miteinander macht es mehr Spaß!«, »Wir sind eine Gruppe!«, »Wir sind kritikfähig!«)

- *Spielzeug-frei* bedeutet *Frei-räume* schaffen
  (»Ich bin frei von Konsumzwängen!«, »Aus dem Nichts entsteht etwas Eigenes, Neues!«, »Meine Sinne werden wieder frei für das Wesentliche!«, »Ich komme zu mir selber!«)

- Raum schaffen für Kreativität und Phantasie
  (»Eigene Ideen entwickeln, selbst mitdenken!«, »Ich stell mir einfach vor ...«, »Dieser Tisch ist heute mein Boot!«)

- Bewusstes und richtiges Konsumieren erlernen
  (»Ich überlege und begründe, warum und was ich brauche!«)

Theorie und Praxis

Aufbau der spielzeugfreien Phase:
In der Regel nimmt die spielzeugfreie Zeit zwölf Wochen ein.

<u>Phase 1:</u>
Besprechung im Team: Informationen sammeln (siehe Anmerkung 22). Worin liegen Pro und Contra für unsere Einrichtung? Können wir dieses Projekt vertreten?
Abstimmung und Beratung durch eine Suchtpräventionsfachkraft (beim Gesundheitsamt oder im Landratsamt nachfragen).

Um eine professionelle Begleitung des Teams und des Projektes zu gewährleisten, sollten, wenn möglich, ein Fachmann oder eine Fachfrau dabei sein oder das Team vorher beraten.
Der Träger und Elternbeirat wird anschließend informiert und überzeugt.

Phase 2:
Einladung zum ersten Elternabend: Ausführliche Information über Inhalte, Ziele, Verlauf und Dauer (am besten mit Unterstützung von Fachkräften).
Hinweis: Erfahrungsgemäß gibt es an diesem Elternabend immer sehr kontroverse Diskussionen. Auf der einen Seite stehen die aufgeschlossenen und auf der anderen Seite die skeptischen, besorgten Eltern. Diese haben Angst, dass ihr Kind mit der außergewöhnlichen Situation nicht zurechtkommt.
Man sollte versuchen, die Eltern zu überzeugen, dass die spielzeugfreie Zeit eine sehr positive Auswirkung auf die Gesamtentwicklung ihres Kindes hat (vgl. hierzu auch *Ziele* des spielzeugfreien Kindergartens, S. 157 f.).
Trotzdem sind manche Eltern an diesem Abend sehr verunsichert.
Hier ein paar Beispiele von möglichen Bedenken und Elternfragen:

- Drei Monate sind zu lang!
- Werden die Sechsjährigen genügend auf die Schule vorbereitet?
- Ich habe Angst, dass mein Kind sich zu sehr langweilt!
- Große Kinder werden vielleicht die Kleinen unterdrücken!
- Was passiert, wenn die Kinder plötzlich ihr Spielzeug wiederhaben wollen?
- Warum kann man das Spielzeug nicht nur reduzieren oder durch Naturmaterial ersetzen?

- Was ist, wenn mein Kind nicht mehr in den spielzeugfreien Kindergarten will?

Im Anschluss daran wird abgestimmt. Das Team muss sich vorher Gedanken darüber machen, ab welcher Quote die spielzeugfreie Zeit stattfinden soll oder ob es den Eltern eventuell auch Alternativangebote machen will.
In einem der Kindergärten, in dem ich hospitiert habe, entschlossen sich die Erzieher und Eltern gemeinsam zu einer spielzeugfreien Phase bei einer Quote von 30 zu 70%. Vor der Abstimmung wurde festgesetzt, dass es zu dem Projekt kommen sollte, wenn 70% der Anwesenden dafür sind (in einem anderen Kindergarten sollten es 75% sein).

<u>Phase 3:</u>
Vorbereitung der Kinder: Gespräche über die Spielsituation in der Einrichtung. Fragen an die Kinder: »Was findet ihr gut, was schwierig?«, »Können wir etwas von den weniger beliebten Spielsachen wegräumen?«, »Könnt ihr euch vorstellen, wie es ohne Spielsachen wäre?«, »Wir werden etwas Neues ausprobieren ...«
Solche Gespräche und das Sammeln von Impulsen, die von den Kindern kommen, sollten einen gewissen Zeitraum umfassen (mindestens eine Woche).
Das Spielzeug wird weggeräumt: Nachfolgend werden zwei verschiedene Varianten der Spielzeugreduktion beschrieben:

a) Nach der Besprechungsphase schließt sich als Höhepunkt das gemeinsame Wegräumen des gesamten Spielmaterials, des Mal- und Bastelmaterials, der Bilderbücher und Rollenspielutensilien an. Im Gruppenraum verbleiben lediglich Matratzen, Kissen, einige Decken und das Mobiliar.
Ein begrenztes Mal- und Bastelmaterial bleibt unter Verschluss in der Gruppe. Wenn sich eine Kleingruppe zusammenfindet und diese zusammen malt oder etwas basteln will, muss sie ihr Vorhaben gemeinsam begründen und genau

erklären können, was sie dazu benötigt (Warum will ich das? Was will ich? Was brauche ich dazu?). Danach werden die Materialien wieder weggeräumt.
Ich habe von der spielzeugfreien Zeit eines Kindergartens in München gehört, in welchem die Pädagogen ganz bewusst auch auf diese Hilfsmittel verzichtet haben und die Kinder eher dazu angeregt wurden, sich alternative Methoden auszudenken (z.B. Papier reißen statt schneiden oder mit Pflanzen, Erde und Steinen malen).

b) Stück für Stück wird weggeräumt:
Zuerst wird nur reparaturbedürftiges oder liegen gelassenes Spielzeug weggeräumt, dann jene Materialien, mit denen selten gespielt wird (nach Absprache mit den Kindern). Daraufhin folgen Spielsachen, auf welche die Gruppe verzichten möchte. Nach einer weiteren Zeitspanne werden die restlichen Spiele, Bastelmaterialien und Bücher nach und nach weggeräumt. Zuletzt wird dann das übrig gebliebene Spielzeug miteinander im Abstellraum verstaut.
Diese Phase kann ein bis zwei Wochen dauern und wird von vielen Gesprächen begleitet.

<u>Phase 4:</u>
Spielen ohne Spielzeug: Der Gruppenraum (bzw. die Nebenräume u.ä.) ist nun bis auf das Mobiliar, ein paar Decken, Kissen und Matratzen ausgeräumt.
Die Kinder können die vorhandenen »Materialien« auswählen und nach ihren Vorstellungen verwenden. Der Phantasie sind keine Grenzen gesetzt. Natürlich darf dabei keiner zu Schaden kommen, darum müssen eindeutige Regeln festgelegt werden!
Möchte ein Kind ein bestimmtes Hilfsmittel wie z.B. eine Schere oder einen Stift haben, kann es sich mit anderen Kindern zusammentun und gemeinsam begründen, für welches Vorhaben die Gruppe dieses Material benötigt. Hilfsmit-

tel werden nur gewährt, wenn sie nicht zum isolierten Handeln, sondern zu Gemeinschaftsvorhaben verwendet werden. Damit versucht man einem Fluchtverhalten vorzubeugen. Es gibt in jeder Gruppe Kinder, die gruppendynamischen Prozessen oder der Auseinandersetzung mit anderen Kindern aus dem Weg gehen, sich an den Maltisch setzen und sich dann stundenlang »ausklinken«. Ziel ist es, auch diese Kinder in die Gruppe zu integrieren.
Der Berufspädagoge hat in dieser Zeit eine veränderte Rolle. Um den Kindern nicht wieder etwas vorzugeben, auf das sie zurückgreifen oder das sie konsumieren können, zieht er sich weitestgehend zurück. Angeleitete Angebote wie z.B. ein Bilderbuch vorlesen, Bastelarbeiten, Turnen usw. fallen deshalb weg.
Grenzen werden da gesetzt, wo sie zwingend notwendig sind, um ein faires Miteinander in der Gruppe und einen verantwortungsvollen Umgang mit dem Material zu gewährleisten.

Obwohl sich die pädagogische Bezugsperson in vielen aktiven Dingen zurückzieht, hat sie dennoch die wichtige Aufgabe, für die seelischen Belange des Kindes da zu sein: ihm mit Vertrauen auf seine Fähigkeiten beizustehen, aufkommende Langeweile gemeinsam durchzustehen und Ermutigungen auszusprechen, ohne solche Prozesse eigenmächtig zu verändern oder zu beschleunigen. Auch ein regelmäßiger Austausch mit den Eltern gehört verstärkt dazu.

Der tägliche »Stuhl- oder Sitzkreis« mit seinen Spielen und Liedern fällt jetzt auch weg, weil in dieser Situation zu viel vorgegeben würde. Es gibt aber auch Einrichtungen, die an diesem Tagespunkt festhalten, sofern ihn die Kinder verlangen und sofern sie nicht in eine passive Rolle verfallen.
Das gemeinsame Gespräch, in dem Gefühle, Situationen und Probleme miteinander besprochen werden, ist ein fester Bestandteil des Gruppengeschehens.
In den verschiedenen Einrichtungen, die ich besucht habe, wurde das Gespräch unterschiedlich eingesetzt. Ich habe erlebt, dass es ein tägliches Gespräch am Ende des Vormittages gab oder ein wöchentliches Gespräch, das nach den Regeln einer Kinderkonferenz abgehalten worden war.
Erweiterte, natürliche Spielmöglichkeiten bieten sich im Garten an (auch hier unter Verzicht auf Spielmaterialien wie z.B. Sandspielzeug, Fahrzeuge usw.) und auf Exkursionen in die nähere Umgebung (Wald, Wiese, Teich, Park, Ödgelände ...). Von diesen Spaziergängen bringen die Kinder oft eine Vielzahl von Naturmaterialien und Ideen für ihr eigenes Spiel mit.
In vielen Einrichtungen haben die Kinder Zugang zur Werkbank, um selbst produktiv sein zu können und gefundenes Material zu verarbeiten. Auch in diesem Fall wird nur äußerst zurückhaltend Hilfestellung gegeben.

Der Gruppenraum ist während dieser Zeit nicht »leer«, der Platz bedeutet Freiraum für Neues. Neues wird erfunden und kann entstehen.

Die Kinder holen sich aus der Umgebung oder in ihrem Alltag Materialien, mit denen sie neu umzugehen lernen. Damit

können sie z.B. etwas basteln, ein Spielzeug herstellen oder es ersetzen!
Während dieser Zeit sollte ein ausführliches Beobachtungstagebuch über das Gruppenverhalten geführt werden. In gesonderten Mappen werden Einzelbeobachtungen vermerkt. Die täglichen Aufzeichnungen dienen der Reflexion und machen die veränderten Verhaltensweisen während der spielzeugfreien Zeit transparent. Einzelbeobachtungen müssen und können nicht täglich geführt werden. Dazu gibt es in der Broschüre *Leitfaden zum Spielzeugfreien Kindergarten*[23] zwei Auswertungsraster.
Hier war auch eine Videodokumentation der spielzeugfreien Zeit in der eigenen Institution vorgesehen. Bei einer Videodokumentation werden Aufnahmen – möglichst von einander ähnelnden Spielsituationen – vor und während des Projektes gemacht. Dies erscheint mir eine recht spannende Möglichkeit zu sein, den Pädagogen und Eltern einen relativ objektiven Eindruck des Geschehens zu vermitteln.
Weiterhin sollten die Großeltern der Kinder eingeladen werden. Sie können während eines Besuches in der Institution von ihrer Kindheit erzählen und von damaligen – häufig einfachen – Spielmaterialien und Spielen berichten.
Zusätzlich werden für die Eltern Fragebögen (siehe Anmerkung 23) ausgegeben, die sich auf die Spielsituationen und Verhaltensformen ihrer Kinder während der spielzeugfreien Zeit beziehen. Auch hierzu bietet der Leitfaden ein Raster.
Auch die Öffentlichkeitsarbeit sollte bei diesem Projekt nicht zu kurz kommen. Öffentlichkeitsarbeit bedeutet, die Presse zu informieren, Interviews zu geben und eventuell auch an einen örtlichen Radiosender heranzutreten.

Einladung zum zweiten Elternabend: Der zweite Elternabend wird ungefähr nach der vierten spielzeugfreien Woche durchgeführt. An diesem Abend werden die Erfahrungen und

Beobachtungen der Berufspädagogen und Eltern ausgetauscht.
Wenn möglich, kann ein Suchtpräventionshelfer des Gesundheitsamtes einen kurzen Vortrag über die Wichtigkeit und Schwerpunkte der spielzeugfreien Zeit halten.
Ebenso können dies natürlich auch die Pädagogen der entsprechenden Einrichtung vorbereiten.
Eine Auswertung der Fragebögen kann besprochen werden.
Anschließend haben die Eltern die Möglichkeit zum Austausch in Kleingruppen und/oder zu einer Diskussion in der Großgruppe.

Weiterführung des Projektes: Der dritte Elternabend. Diese Abschlussveranstaltung wird nach Beendigung der spielzeugfreien Zeit durchgeführt.
Der von der Einrichtung gedrehte Videofilm über die Situation der Kinder in der spielzeugfreien Zeit wird in der Institution gezeigt. Es folgt eine Reflexion der Eltern und des pädagogischen Personals.
Während des gesamten Projekts wäre es wünschenswert, dass das Team fachlich begleitet wird. Ansprechpartner findet man entweder im örtlichen Gesundheitsamt, bei Erziehungsberatungsstellen oder bei der Fachberatung.
In regelmäßigen Abständen sollten außerdem Supervisionen (Rückbesinnung und Besprechung des eigenen pädagogischen Verhaltens) und/oder Teamgespräche stattfinden.
Die Zusammenarbeit zwischen dem pädagogischen Personal und den Eltern sollte intensiviert werden.

<u>Phase 5:</u>
Wiedereingliederung der bisherigen Spielmaterialien: Diese Phase wird durch ein gemeinsames Gruppengespräch mit den Kindern eingeleitet. Die Gruppe bespricht, welche Spielmaterialien sie als erstes wieder in den Gruppenraum einführen möchte.

Allmählich füllen sich Regale und Schubladen wieder. In der Regel werden auf Wunsch der Kinder und Pädagogen nicht mehr alle Spielsachen wiedergeholt, da die Gruppe gelernt hat, mit dem Wesentlichen auszukommen. Meist wird die bisherige Vielfalt als erdrückend oder nicht mehr notwendig empfunden.

Die spielzeugfreie Zeit wird einmal im Jahr für zwölf Wochen durchgeführt und kann je nach Wunsch jedes Jahr wiederholt werden.

Danach findet eine langsame Wiedereingliederung des bisherigen Spielmaterials statt. Es ist wichtig, diese »normale Phase« wieder aufzunehmen, da sich die Kinder im alltäglichen Leben wieder mit den gegebenen Konsumsituationen auseinander setzen müssen. Sie können vor dieser Situation nicht wie auf einer einsamen Insel bewahrt werden.

Beobachtungen

Ich habe in verschiedenen Einrichtungen hospitiert und manchen Praxisbericht über die spielzeugfreie Zeit gelesen. In jeder Einrichtung verläuft dieses Projekt anders, weil die örtlichen und individuellen Gegebenheiten ganz unterschiedlich sind.
Nachfolgend möchte ich Ihnen mit meinen eigenen Beobachtungen und denen meiner Kollegen einen Einblick in den spielzeugfreien Alltag geben.

In den meisten Fällen wird die Phase des Spielzeugabbaus als sehr spannend und aufregend beschrieben. Die Kinder empfinden diesen Vorgang als ein besonderes Abenteuer.
Es gibt Einrichtungen, in denen sich nur ein Teil der Gruppen für das Projekt entschließt und die übrige(n) Gruppe(n) den gewohnten Ablauf beibehält (beibehalten).
Obwohl es anscheinend trotzdem keine Probleme bei der Durchführung gibt, empfinde ich persönlich es als erstrebenswert, dass die gesamte Einrichtung das spielzeugfreie Projekt durchführt.
Wenn die Kinder morgens wie gewohnt von ihren Eltern in die Institution gebracht werden, wird in der Anfangszeit oft beobachtet, dass die Bringzeit von Eltern und Kindern ausgedehnt wird. Dieses Ausdehnen basiert ebenso wie das Verlängern des freien Frühstückes auf einer inneren Unsicherheit der Kinder. Diese Phase gehört zum Gesamtprozess der Umstellung, sie dient der individuellen Orientierung und sollte über einen gewissen Zeitraum akzeptiert werden. Je nach Temperament und Eigenart gehen Kinder sehr schnell auf die veränderte Situation ein. Gruppen bilden sich, um Ideen zu besprechen, verschiedene Rollenspiele mit Decken, Kissen und viel Phantasie entwickeln sich. Wiederum andere Kinder oder Gruppen gehen nach Absprache in den Garten, um dort mit den Händen und Stöcken im Sandkasten zu buddeln oder aus den gefundenen Ästen ein »Lagerfeuer« zu bereiten.
Kreative, handwerklich motivierte Kinder suchen auf Spaziergängen Naturmaterialien und bearbeiten diese an der Werkbank. Kleingruppen können sich in verschiedenen Nischen und im Turnraum treffen (sofern die Institution diese Räume geöffnet hat). ...
Trotz dieser Vielfalt kann es aber sein, dass vor allem jüngere Kinder anfangs die Spielsachen vermissen. Oft hat sich gezeigt, dass in diesem Fall ältere oder kreative Kinder für sich oder diese Kinder etwas erfinden und sie mit einbezie-

hen. Durststrecken kommen kurzzeitig immer wieder einmal vor. Sie müssen sein, denn im Prozess der Langeweile machen die Kinder neue Erfahrungen und sie werden dadurch motiviert, neue Wege zu gehen. Schüchterne »Maltischkinder« wachsen an dieser Situation und gehen hinterher gestärkt und aktiver aus ihr hervor.
Feste »Cliquen« wie z.B. »die großen Jungs« oder die »Puppeneckenmädchen« lösen sich im spielzeugfreien Projekt mit der Zeit auf. Die Gruppe ist plötzlich bunt gemischt, denn jedes Kind zählt nun mit seinen eigenen Fähigkeiten. Groß und Klein, Jungen und Mädchen können ihre Ideen in die Gruppe einbringen, ohne an so genannte geschlechtsspezifische oder altersgemäße Vorgaben anknüpfen zu müssen.
Kinder schaffen sich in der spielzeugfreien Zeit ihre eigenen Spielsachen. Aus Naturmaterialien werden Spielsteine und Würfel zu einem Brettspiel zusammengestellt, Schiffe entstehen aus Baumrinden und Blättern, Puppen werden aus Gras und Stöcken zusammengebunden, große Blätter dienen als Teller und vieles mehr. Mit Tüchern als Bau- und Verkleidungsmaterial können sich Kleingruppen über lange Zeiträume mit Rollenspielen beschäftigen. Die Naturerfahrungen lassen Kinder mit all ihren Sinnen neue Zusammenhänge erleben. Beliebt sind Streifzüge durch Parks, Felder und Wälder. Spiele und Lieder, die früher unter Anleitung der Pädagogen stattfanden, werden nun in kleinen Gruppen ohne Materialien und Vorgaben vorgeführt.
Die Pädagogen halten sich stets im Hintergrund. Sie beobachten und fixieren alles schriftlich im Beobachtungstagebuch.
Einmal am Tag kann sich die Gruppe zum gemeinsamen Gespräch treffen.
In der Natur können Kinder Höhlen bauen, mit Stöcken spielen, mit den Händen im Sand oder Matsch graben, Bäche aufsuchen usw. Deshalb ist es wichtig, stets für wetterfeste Kleidung zu sorgen. Nach und nach lassen sich die Kinder

nicht einmal von schlechtem Wetter abhalten, in den Garten zu gehen.

Es hat sich daher in vielen Institutionen bewährt, die spielzeugfreie Zeit während des Frühsommers stattfinden zu lassen, da die Kinder dann eher die Möglichkeit haben, in den Garten zu gehen. Dort finden sie viele Möglichkeiten, sich ohne Spielmaterialien ideenreich zu beschäftigen oder einfach nur zu sich zu kommen.

Pädagogen berichten von lang andauernden Lagebesprechungen, oft mit einer großen Anzahl von Kindern. Danach werden Sträucher und Hecken als Häuser in Rollenpiele einbezogen.

Interviews mit Kindern und Eltern

Während einer meiner Hospitationen nahm ich die Gelegenheit wahr, auch die Kinder nach ihrer Meinung und ihren Erlebnissen zu fragen. Fachkräfte und Eltern kamen dabei ebenso zu Wort. Einige der Gespräche seien im Folgenden kurz wiedergegeben.

- »Wie war der erste Tag ohne Spielzeug?«
  Anabel (sechs Jahre): »Schwierig! Es war einfach kein Spielzeug mehr da. Aber dann haben wir irgendwann mal ›Hund‹ gespielt, dann ging's ganz gut.«

- »War dir manchmal langweilig?«
  »Einmal schon, da hat mich meine Freundin nicht mitspielen lassen. Da hab ich dann mit den Kleinen gespielt. Das war schön, das mach ich jetzt öfters!«

- »Wie findest du die Zeit ohne Spielzeug?«
  Victoria (vier Jahre): »Das finde ich toll, da habe ich mit den anderen Kindern gespielt. Das geht auch ohne Spielsachen. Wir haben auch oft ›Singkreis‹ gespielt. Ich habe mit meinen Freunden z.B. ›Schmetterling, du kleines Ding‹ (Singspiel) gespielt.«

- »Wie gefällt es dir?«
  Max (drei Jahre): »Mir gefällt es nicht! Ich weiß nicht, was ich machen soll!«

Fragen an die Eltern:

- »Wie hat sich das Projekt auf ihre Kinder ausgewirkt? Haben Sie Veränderungen bemerkt?«

Frau B.: »Bei uns wurde das Spielzeug fast überflüssig, die Kinder spielten viel im Freien, es war viel Umtrieb und Unruhe im Haus. Unsere Kinder wurden sehr selbstbewusst und wollten mehr mitbestimmen, waren aber auch sozialer im Umgang untereinander.«

Herr A.: »Nein! Unser Sohn hat sich nicht derart verändert, dass ich es auf die spielzeugfreie Zeit zurückführen möchte.«

Frau H.: »Meine kleine Tochter ist jetzt viel kontaktfreudiger. Früher hat sie immer von demselben Kind gesprochen, jetzt höre ich ständig neue Namen. Es macht ihr viel Spaß.«

Frau P: »Wir waren und sind immer noch sehr skeptisch, ob unsere sechsjährige Tochter in dieser Zeit optimal auf den Schuleintritt vorbereitet wird. Nun ja, sie ist viel selbständiger und dazu interessierter an allem Neuen. In Gesprächen konnte die Erzieherin mich überzeugen, doch mein Mann ist nach wie vor sehr kritisch.«

Interviews mit Erzieherinnen und Fachkräften für Suchtprävention

- »Wie haben Sie die spielzeugfreie Zeit als Pädagogin erlebt?«

Frau P.(Erzieherin): »Anfangs war es sehr langweilig! Ich bin mir überflüssig vorgekommen, fast planlos. Ich wusste nicht, was ich mit mir anfangen sollte. Das hat sich dann gebessert, kommt aber immer wieder mal vor.
Mich hat sehr fasziniert, dass Sara (vier Jahre), ein sehr schüchternes Kind, von sich aus plötzlich nach einer Woche mit den anderen Kindern gespielt hat. Das hatte sie bisher noch nie getan.«

Frau J.(Erzieherin): »Als ich das erste Mal von einem ›Spielzeugfreien Kindergarten‹ hörte, dachte ich mir, was soll denn das für einen Sinn ergeben. Was haben späteres süchtiges Verhalten und Spielen ohne Spielzeug miteinander zu tun? Dann habe ich mich in die Broschüren eingelesen und die Zusammenhänge erkannt.
In unserer Institution war der Übergang von ›normaler Zeit‹ zur ›spielzeugfreien Zeit‹ dann gar nicht mehr so schwer, weil wir ohnehin schon seit einem Jahr das Spielzeug reduziert haben.«

- »Welche wichtigen Erkenntnisse aus Ihrer Praxis in der Begleitung von ›Spielzeugfreien Kindergärten‹ möchten Sie an Berufspädagogen weitergeben?«

Herr F. Schäfer (Fachkraft für Suchtprävention): »In der mehrjährigen Begleitung des Projektes ›Spielzeugfreier Kin-

dergarten‹ habe ich sehr gute Erfahrungen gemacht. Vor allem die Kinder konnten sich sehr schnell in die neue Situation einfinden.
Wichtig bei diesem Projekt ist, sich darüber bewusst zu werden, dass diese besondere Zeit nicht immer ohne Kontroversen zwischen den Eltern oder Kollegen abläuft. Im Team und an Elternabenden werden oft Themen, persönliche Erfahrungen und Probleme angesprochen, die eventuell ohne geschultes Fachpersonal nicht bewältigt werden können.
Weiterhin ist es für das Team wichtig, an regelmäßigen Supervisionsveranstaltungen teilzunehmen, um miteinander über Beobachtungen, eigene Probleme und Erfolge, Situationen mit Kollegen oder Eltern und Kindern zu sprechen.
Leider gibt es noch viel zu wenig Fachkräfte für Suchtprävention, die diese Form der Betreuung leisten können.
Meiner Meinung nach werden auch zu wenig öffentliche Gelder für unterstützende Maßnahmen in diesem Bereich ausgegeben.«

Herr Schmidt (Diplom-Psychologe, tätig in einer Erziehungsberatungsstelle) versteht sich vor allem als Begleiter in psychologischen Fragestellungen: »Um den spezifischen Gegebenheiten des ›Spielzeugfreien Projektes‹ gerecht zu werden, ist es für das Team von großem Vorteil, sich schon im Vorfeld mit seinen eigenen pädagogischen Schwerpunkten in der Einrichtung und den fachlichen Inhalten des ›Projektes‹ sowie mit Teamfragen auseinander zu setzen.
Auch die Eltern im Kindergarten (oder Tagesstätte) müssen gut vorbereitet werden, weil eine intensive Vorinformation und ein gemeinsames Erarbeiten der neuen Situation Eltern besser mit einbeziehen, so dass weniger Ängste und Bedenken auftreten.
Das Team kann sich durch eine Fachkraft von außen große Unterstützung z.B. bei auftretenden Unsicherheiten und Schwierigkeiten in Supervisionseinheiten holen.«

Ausblick

Das Projekt »Spielzeugfreier Kindergarten« hat seine ganz eigene Faszination für diejenigen, die sich eine Weile damit auseinander setzen. Ich erinnere mich noch an meine erste Hospitation im Oberelchinger Ganztageskindergarten »Sternenschiff«. Alles war auf den ersten Blick sehr ungewohnt, vor allem für mich als Erzieherin. Doch als ich mich eingehender mit den Ursachen und Zielen des Modells beschäftigte, ließ mich der Gedanke nicht los, dass wir in der heutigen Situation unbedingt diese Projektzeit in regelmäßigen Abfolgen brauchen.

Mithilfe des spielzeugfreien Kindergartens können wir unsere Kinder vor den Gefahren der Konsumwelt schützen und wir können sie mit solchen Projekten davor bewahren, zu einer suchtgefährdeten Generation heranzuwachsen.

Wir Eltern und wir Pädagogen haben diese Entwicklung in unserer Hand. Viele werden sich hoffentlich anschließen.
Mancher wird sich vielleicht fragen, ob dieses Projekt denn schon handfeste Erfolge auf längere Sicht zu verzeichnen hat? Dazu ist es noch zu früh. Trotzdem signalisieren Grundschullehrer den Erziehern, die bisher die Projekte durchgeführt haben, dass gerade Kinder, die sich in der spielzeugfreien Zeit behaupten mussten, in der Schule durch ihre starke Konzentrationsfähigkeit, ihren Ideenreichtum, ihre Phantasie und ihr Durchhaltevermögen hervortreten. Am meisten werden die sozialen Fähigkeiten in Bezug auf das tägliche Lern- und Gruppengeschehen bewundert.

Welche Möglichkeiten der Suchtprävention hat der Kindergarten außerdem?

Das Projekt »Spielzeugfreier Kindergarten« ist vielleicht nicht in jeder Einrichtung zum gegebenen Zeitpunkt durchführbar. Der »spielzeugfreie Kindergarten« stellt aber nicht die einzige Möglichkeit der Suchtprävention dar.

Es gibt viele Dinge, die Erzieher in Sachen Suchtprävention im Alltag tun können.

Ganz entscheidend ist die Art, wie Pädagogen auf die Kinder in ihrer Einrichtung zugehen. Ein Kind, auf das man eingeht und das in seiner Persönlichkeit gestärkt wird, hat bereits eine gute Basis für sein weiteres Leben. Auch die Vorbildfunktion auf Seiten der Erzieher spielt auf allen Ebenen eine große Rolle.

Wenn im Kindergarten behutsam und kritisch mit Materialien umgegangen wird oder z.B. Neuanschaffungen nur nach langem Abwägen und Überlegungen vorgenommen werden, dann erfährt auch ein Kind davon. Im Kindergarten können Kinder zu einem bewussten Umgang mit ihrem Leben erzogen und sensibel für ein positives Konsum- und Alltagsverhalten gemacht werden. Ebenso, wie sie mit anderen Menschen umgehen.

Hierher gehören die vielfältigen Möglichkeiten der Sinnesschulung (z.B. nach Maria Montessori) oder auch der Einsatz von Meditationen. Im Kindergartenalltag ist es wichtig, Inseln der Ruhe und Rückbesinnung zu schaffen. Die Kinder müssen wieder zu sich selbst finden und an ihr Innerstes herankommen. Daher muss auch der Kindergarten ein gesundes Maß an Ruhe, Ausgewogenheit und Angeboten (Förderungen) finden.

Mit der Raumgestaltung der Einrichtung kann man diesen Bedürfnissen gerecht werden, indem man den Kindern Rückzugsmöglichkeiten anbietet. Hierfür lassen sich kleine Ecken und Nischen abteilen, Höhlen bauen und auch außerhalb der Gruppenräume »Ruhe- und Kuschelecken« einrichten.

Auch Naturerfahrungen führen Kinder wieder zu sich selbst und ihrem Ursprung zurück. Kindergärten, die sehr naturverbunden sind, brauchen wenig Spielzeug, da sich aus allen Fundstücken etwas machen lässt.

Der Waldkindergarten

Eine weitere Alternative zum herkömmlichen Kindergarten ist der Waldkindergarten. Bei diesem Projekt geht es vor allem darum, dass die Kinder durch die intensive Erfahrung mit der Natur erkennen, wie wichtig der Naturschutz für unsere Umwelt ist. Weiterhin werden die körperlichen Abwehrkräfte gestärkt, Kreativität und Ideenreichtum gefördert und ein intensives Sozialverhalten innerhalb der Gruppe entwickelt.

Diese Kindergärten halten sich vorwiegend nicht in einem festen Gebäude auf. Die Kindergruppe trifft sich zur genau festgelegten Anfangsstunde am Rande eines bestimmten, für diesen Zweck ausgesuchten und speziell genehmigten Waldstückes. Dort machen sich die Erzieherinnen und die Kinder mit dem gut ausgerüsteten Handwagen und einem Handy für Notfälle auf den Weg. Die Waldkindergartenkin-

der sind den Wetterbedingungen entsprechend gut ausgerüstet. Im Winter tragen sie Wollunterwäsche, Fleeceshirts und Schneeanzüge, im Sommer eher dünne (z.T. auch langärmlige) Sommersachen und gutes Schuhwerk.
Sie beobachten täglich die Veränderungen der Natur, lernen mit der Zeit, sich ohne Stolpern auf den unebenen Waldböden zu bewegen und sehen sich kleine Biotope oder Spuren der Waldbewohner an.
Ein Förster betreut die Gruppe waldfachmännisch und findet sich in Abständen ein, um den Kindern die Zusammenhänge der Natur zu erklären und auf ihre Fragen einzugehen. Für extreme Wetterverhältnisse stehen der Kindergruppe eine Waldhütte oder ein Bauwagen zur Verfügung.
Gebastelt wird aus Naturmaterial, mit Lehm, es wird auch auf Papier gemalt oder mit Naturpuppen und einem gespannten Tuch als Bühne ein Kasperletheater vorgeführt. Täglich finden ein Morgenkreis und ein Frühstück in freier Natur statt. Die Kinder und Erzieherinnen kochen z.B. auf einer Grillstelle, bauen sich Hütten aus allen Ästen oder denken sich neue Spiele aus.
Sie können sich sicher unschwer vorstellen, dass diese Kinder sehr kreativ und eigenverantwortlich mit der Natur umgehen. Ihre Körperbeherrschung und Behändigkeit ist besonders gut ausgeprägt.
Passives Konsumieren irgendwelcher Spielsachen oder Medien ist in diesen Kindergruppen kein Thema!
Inzwischen führen auch einige Regelkindergärten Waldprojekte durch.

Was kann die Schule tun?

Viele Lehrer an Grund-, Haupt- und weiterführenden Schulen stellen bei ihren Schülern ein zunehmendes Suchtpotential fest.

Wenn man bedenkt, dass die jüngsten Raucher bereits mit zwölf bis vierzehn Jahren in der Pause beim Rauchen erwischt werden und viele Schüler in diesem Alter auch erstmals mit Alkohol und illegalen Drogen in Berührung kommen, dann kann man daran als Berufspädagoge nicht vorbeisehen.

Ich kann verstehen, dass sich Lehrer heutzutage angesichts der Leistungs- und Notenprobleme eher zurückhaltend verhalten, wenn es um das Thema »Suchtprävention« unter dem Aspekt der Gesundheitsförderung geht. Dazu ist schließlich der speziell ausgebildete Beratungs- oder Drogenkontaktlehrer bzw. der Lehrer für Information zur Suchtprävention da.

An jeder Schule ist mindestens ein Lehrer zu diesem besonderen Amt benannt und durch die Teilnahme an Fortbildungen und Arbeitskreisen gut vorbereitet.

Schulen können am ehesten auf suchtgefährdete Heranwachsende in diesem Alter eingehen. Wie wir gesehen haben, werden die wesentlichen Ursachen für illegalen und legalen Drogenkonsum schon in der Kindheit gelegt (vgl. hierzu S. 17 ff.). Auch die Gesellschaft und die Medienwelt tragen ihren nicht unerheblichen Anteil dazu bei.
Es gibt drei Gruppen von suchtgefährdeten Kindern:

- Kinder, an denen ein auffälliges Sozialverhalten und Schwierigkeiten im Umgang mit Gefühlen beobachtet wird.

- Kinder, die bereits klar erkennbare Störungen zeigen wie z.B. Ess-Störungen, Tablettenmissbrauch usw.

- Kinder, die aus Familien kommen, bei denen ein Elternteil oder beide Eltern süchtiges Verhalten zeigen oder gezeigt haben.

Gerade weil viele Eltern diese Problematik noch nicht erkannt haben, hat die Schule die Chance, auf ganzer Ebene Präventionsarbeit zu leisten.

Alle suchtvorbeugenden Maßnahmen sollten im Bewusstsein ausgewählt werden, dass Suchtprävention auch geschlechtsspezifische Aspekte beinhaltet. Mädchen haben andere Ausgangssituationen und sehen sich mit anderen Rollenerwartungen konfrontiert bzw. weisen ein anderes Rollenverhalten auf als Jungen. Mädchen entwickeln eher »stille Süchte« wie z.B. Ess-Störungen und Medikamentenmissbrauch, weil sie »funktionieren« wollen und sich zurücknehmen. Im Gegensatz dazu entwickeln Jungen »laute Süchte«, da sie durch ihr

Verhalten eher nach außen gehen, überall anecken und sich Aufmerksamkeit durch störendes Verhalten holen. Sie werden eher zu Tabak und Alkohol greifen.
Natürlich sollte es bei der methodischen Umsetzung von vorbeugenden Maßnahmen nicht zu einer Rollentrennung kommen, aber die Verschiedenheit der Geschlechter sollte bei der Suchtprävention stets mit berücksichtigt werden.
Zunächst seien einige theoretische Grundlagen vorausgeschickt.

Erziehung zu kritischem und kreativem Denken

Fragt man jugendliche Schüler, wie sie ihren Schulalltag erleben, steht an erster Stelle der Eindruck von leistungsorientierter, unpersönlicher Wissensvermittlung.
Sicher kann man diese Einschätzung nicht verallgemeinern, da es immer und überall Lehrer gibt, die ihren Unterricht sehr engagiert und kreativ gestalten. Im Gegensatz dazu stehen Pädagogen, die eher themenorientiert und stoffgebunden an denselben Schulstunden festhalten, die sie schon vor zehn Jahren gehalten haben. Für Spontaneität, Gruppendynamik und persönliche Begegnungen bleibt in solchen Stunden kein Platz.
Dabei wäre es so wichtig, Kindern und Jugendlichen nicht nur Wissen zu vermitteln.

Schüler sollten dazu befähigt werden, ihr Leben mit zunehmendem Alter selbständiger und selbstsicherer in die Hand zu nehmen. Sie sollten für sich selbst herausfinden, was sie mit ihrem Leben machen wollen, wofür sie lernen und worin sie den Sinn ihres Lebens sehen.

Wenn die Schule sich diese Inhalte zum Ziel setzt und nicht von der allgemeinen schulischen Wissensvermittlung trennt, dann hat sie ein wesentliches Ziel der Suchtprävention erreicht.

Suchtprävention in der Schule ist schließlich mehr als bloße Information über verschiedene Drogenformen.

Auch in der Schule ist die Lebenskompetenzförderung ein vorrangiges Ziel.

Zwar haben die bisherigen Maßnahmen zur Suchtvorbeugung ihre Erfolge dahingehend verbucht, dass illegale, »härtere« Drogen weniger konsumiert werden. Trotzdem findet nur eine Verschiebung zugunsten anderer Suchtmittel statt. Deshalb ist es wichtig, bei den Ursachen der Suchtgefähr-

dung anzusetzen. Die Förderung eines kreativen und kritischen Denkens sollte ein wesentlicher Bestandteil der Erziehung in der Schule sein. Heranwachsende sollten befähigt und darin bestätigt werden, sich mit sich und ihrer Umgebung kritisch auseinander zu setzen.
Wenn sie im Unterricht gefördert werden, ihre eigene Meinung zu sagen, und die Schule den Heranwachsenden die Möglichkeit bietet zu lernen, wie man seinen Standpunkt sprachgewandt vertritt, dann wird es z.B. weniger Schüler geben, die mit dem Rauchen beginnen.
Ich selbst weiß noch, dass ich meine erste Zigarette nur deshalb rauchte, weil ich nicht einmal mir selbst gegenüber Argumente vorbringen konnte, warum ich eigentlich nicht rauchen wollte, von der Möglichkeit, diese vor den anderen überzeugend zu vertreten, ganz zu schweigen.
Kreative Menschen brauchen keine Ersatzbefriedigungen. Sie leben in einer Welt, auf die sie selbst Einfluss haben, die spannend, aktiv und lebenswert ist. Den Hang nach Abenteuern, den Jugendliche oft verspüren und nicht ausleben können, verstehen kreativ denkende Menschen eher in »suchtuntypische« Formen umzusetzen. Sie sind besser davor geschützt, einfach nur passiv vor sich hin zu leben und bei Langeweile die »Kiste« einzuschalten, bei Kummer oder Ärger zu essen und Frustrationen durch Kauforgien zu überdecken.

Der Lehrer als Vorbild und Partner

Lehrer haben ebenso wie Eltern eine starke Vorbildfunktion. Für manche Schüler, die zu Hause wenig Identifikationsmöglichkeiten haben, werden Lehrer zum Hauptvorbild. Vielen Pädagogen ist diese Funktion nicht bewusst und oft auch nicht recht. Trotzdem nehmen sich Schüler leicht ein Beispiel an ihnen und beobachten Lehrer in Bezug auf eigenes Verhalten.

Dabei entgeht ihnen auch nicht, wie sie mit Konsummitteln umgehen. Beispielsweise wird schnell registriert, ob ein Lehrer in den Pausen, im Lehrerzimmer oder auf der Klassenfahrt raucht bzw. alkoholische Getränke konsumiert, Tabletten einnimmt usw.

Auch an deren sozialem Verhalten orientieren sich Kinder und Jugendliche: Wie verhält sich der Lehrer in Konfliktsituationen? Wie geht er auf Spannungen und Kritik ein? Wie verhält er sich bei Schwierigkeiten? Ist er eher Pessimist oder sucht er nach innovativen Lösungsmöglichkeiten? Wie tolerant ist er? Lässt er andere Meinungen zu? Lässt er sich stark von (seinen) Vorurteilen beeinflussen? Kann er selbst Gefühle zeigen? Lässt er diese bei seinen Schülern aufkommen oder umgeht er sie? Kann er auch mal zugeben, einen Fehler gemacht zu haben?

Natürlich kann ein Lehrer nicht in allen Belangen nur Vorbild sein, denn auch er soll »Mensch sein« dürfen.

Doch aufgrund seiner Position hat er auf Kinder und Jugendliche einen sehr großen Einfluss! Insofern sind nicht nur die eben aufgezählten persönlichen Eigenschaften von Bedeutung, sondern auch die Art und Weise, wie ein Lehrer sich in das tägliche Miteinander einbringt. Ist er in seiner Rolle als Lehrer eher zurückhaltend und sachlich orientiert? Zeigt er einen Teil seiner Persönlichkeit? Gibt es Situationen im Schulalltag, die den Schülern unbeabsichtigt Angst machen?

Dazu einige Beispiele:

Elisa (zwölf Jahre): »Ich konnte nichts dagegen machen, obwohl ich mir immer wieder sagte, dass ich vor der Mathestunde keine Angst zu haben brauche, ich hatte sie jedes Mal. Mir reichte nur das Gefühl, dass ich den Stoff nicht so gut kann. Klar, da war auch die eine oder andere schlechte Note schuld. Aber ich hätte mich vielleicht leichter hingesetzt und gelernt, wenn ich etwas mehr Ermutigung von meinem Lehrer bekommen hätte.«

Sebastian (sieben Jahre): »Wenn meine Lehrerin mich so streng anschaut, fällt mir gar nichts mehr ein.«

Sylvie (vierzehn Jahre): »Mein Problem sind eher die anderen in der Klasse. Bei uns ist das nicht so einfach. Entweder sie machen einen von vorneherein nieder oder sie machen dich so lächerlich, dass du selbst nicht mehr an dich glaubst!«

Nicht selten treten im Umgang der Schüler untereinander starke Spannungen auf, Kinder und Jugendliche werden von anderen Mitschülern diskriminiert und unterdrückt.

»Die Qualität der Lehrer-Schüler-Beziehung wirkt sich (...) wesentlich auf die emotionale Atmosphäre innerhalb der Klasse aus und bildet die Voraussetzung für ein optimales Lernklima. (...) Dem einzelnen Lehrer muss hier deutlich werden, dass die Art des Umgangs mit den Schülern auch ein wichtiges Glied in der Kette von Ursachenfaktoren für Drogenmissbrauch sein kann.«[24]

Deshalb sollte jeder Pädagoge sich und seine Arbeit durch ein regelmäßig stattfindendes Feed-back reflektieren. Er kann dabei erfahren, welche Auswirkungen sein Verhalten auf Kollegen und Schüler hat oder wie er mit gruppendynamischen Problemen in der Klasse besser umgehen kann. Dies kann im Rahmen spezieller Gruppen oder Tagungen geschehen oder aber auch im Gespräch mit den Schülern (z.B. auch durch anonyme Fragebögen, Umfragen usw.).
Kernpunkt vieler praktischer Suchtpräventionsprojekte in der Schule ist die Förderung einer sozialen Gruppe. Durch Übungen und Gespräche können Spannungen und Probleme in der Gruppe abgebaut werden und ein vertrauensvolles Miteinander wachsen. Gute soziale Kontakte unter den Klassenkameraden tragen zu einer besseren Entwicklung des Selbstbewusstseins jedes Einzelnen bei. Dies führt wiederum dazu, dass Schüler von sich aus befriedigende Beziehungen aufbauen können.
Daher sollten Lehrer wie Schüler ein partnerschaftliches Verhältnis zueinander entwickeln. Partnerschaftlich soll nicht »kumpelhaft« oder antiautoritär heißen. Es bedeutet vielmehr, dass gemeinsame Absprachen und Regeln getroffen werden, damit eine vertrauensvolle Atmosphäre entsteht und jeder den anderen ernst nimmt.

Methodische Überlegungen und Projektarbeit

Die methodische Vorgehensweise der Suchtprävention in den achtziger Jahren bestand aus sachlicher Information, die auf rein kognitiver Ebene vermittelt wurde, und zu einem großen Teil aus Abschreckung. Viele Jahre wurde diese Methode für gut befunden, bis man feststellte, dass sich die Kinder und Jugendlichen auf dieser rein sachlichen Ebene mit der Thematik nicht identifizieren konnten und Informationen mit dem Einwand abblockten: »So etwas passiert mir nicht!« Kein Wunder, denn von Heroinabhängigkeit und Raucherbeinen ist ein Zwölfjähriger meist noch sehr weit entfernt.

Weder Informationen noch abschreckende Szenarien blieben lange in den Gedanken der Schüler haften und so wurde nach kurzer Zeit weiter geraucht, wurden Medikamente eingenommen und Alkohol getrunken.

Deshalb versuchen heute wissenschaftliche und fachliche Vertreter der Suchtprävention in der Schule neue Wege zu gehen.

Die Information ist geblieben, wird aber auf einer sachlicheren Ebene vorgenommen.

Verändert hat sich der Blick in Richtung Ursachenforschung. Heute geht man folgenden Fragen nach: Warum werden Schüler süchtig? Warum machen sie im Durchschnittsalter von zwölf Jahren ihre ersten nachhaltigen Erfahrungen mit Suchtmitteln? Wie kann man diesen Problemen entgegenwirken?

Was passiert, wenn man auf reine Wissensvermittlung und ausschließlichen Frontalunterricht (bei denen der Lehrer Lerninhalte vor der Klasse referiert) verzichtet, was tritt dann an dessen Stelle?

Um den Ursprüngen von Sucht- und Konsumproblemen auf den Grund zu gehen, setzten sich in der Suchtprävention veränderte Unterrichtsmethoden durch.
Dabei ist nicht mehr nur wichtig, was gelernt wird, sondern wie!
Partner-, Gruppen- und Projektarbeit sowie Übungen der Spielpädagogik sind Teil dieser neuen Unterrichtsmethoden.

Partner-, Gruppen- und Projektarbeit im Rahmen des »normalen« Unterrichts

Partnerarbeit:
In Kleinstgruppen zu je zwei Schülern werden erste Erfahrungen im gemeinsamen Erarbeiten von Wissensinhalten »geübt«. Kinder oder Jugendliche müssen sich auf ihr Gegenüber einstellen, es mit einbeziehen und einen gemeinsamen Nenner finden. Viele Kompetenzen im Bereich der Kommunikation und des sozialen Umgangs können hierbei in kleinen Schritten erlernt werden (z.B. sich trauen, dem Gegenüber seine Meinung zu sagen).
Folgende Übung (nicht nur) bei der Suchtpräventionsarbeit in einer Zweiergruppe lässt sich beispielsweise durchführen: Mehrere »Geräuschdosen« mit verschiedenem Inhalt (Sand, Steine, getrocknete Hülsenfrüchte usw.) stehen auf dem Tisch. Zuerst ordnet der erste Schüler diese nach leisen, dann immer lauter werdenden Geräuschen in einer Reihe an. Der zweite Schüler überprüft die Arbeit. Dann werden die Positionen gewechselt.[25]

Gruppenarbeit:
Gruppenarbeit macht Schüler frei von gebundenem, am Lehrer orientierten Lernen. Ein wesentlicher Aspekt der Suchtprävention – das Selbständigwerden und Hinterfragen

von Situationen – wird in einer vertrauensvollen Atmosphäre erlernt.
In der Gruppenarbeit werden Aufgaben verteilt und innerhalb der Gruppe verantwortungsvoll ausgeführt. Gruppenarbeit kann zu einem sehr positiven Gemeinschaftserlebnis führen.
Zum Beispiel wird gemeinsam erarbeitet, auf welche Weise sich die Schüler in der Öffentlichkeit mit ihrem bereits vorhandenen Wissen und ihren Meinungen präsentieren können. Die Schüler überlegen sich, ob sie an einem »Tag der offenen Tür« einige Sketche und Stellwände zum Thema »Wie ich lernte, Nein zu sagen!« anbieten.

Spielpädagogische Aspekte:
Viele soziale Lerninhalte, wie z.B. auf andere zugehen können oder dem Gegenüber Aufmerksamkeit zeigen, können mithilfe von Körperspielen, Rollenspielen, Vertrauensspielen usw. mit Lust und Spaß am aktiven Tun vermittelt werden.
Ideenquellen liefern z.B. spielpädagogische Fachbücher und Spielkarteien sowie das Lehrerhandbuch von der AOK *Sucht hat viele Ursachen.*[26]
Beispielhaft für ein »Körperspiel« ist die sehr intensive Vertrauensübung »Führen und Folgen«:
Hierbei schließt einer der beiden Partner aus einer Zweiergruppe die Augen und wird zuerst in einem Raum und später draußen in der Natur von dem anderen geführt (»Blinder und sein Blindenhund«).

Die Projektarbeit:
Projektarbeit innerhalb des normalen Unterrichts wird Projektunterricht genannt.
In fast jedem Fach, auch fächerübergreifend, kann diese Form des selbst bestimmten Lernens viele neue Möglichkeiten eröffnen und auf Lehrer sowie Schüler motivierend wirken.

Gemeinsam wird ein Vorhaben überlegt. Bei der Idee, Planung und Durchführung soll den Schülern viel Raum und Verantwortung überlassen werden. Die Projektarbeit endet mit einer Aktion oder einem gegenständlichen Werk. Während des Projekts kann die Gruppe erfahren, dass sie über das normale Aktionspotential der Schule hinaus etwas Neues für sich und die Mitschüler schaffen kann.
Im Fach »Musik« kann mit der Klasse zum Beispiel über die Texte wie auch das Leben der Interpreten von Rock- und Popmusik gesprochen werden. Und zwar nicht nur in Bezug auf musikalische Inhalte, sondern auch auf die häufig auftretende Suchtproblematik. Zu dieser Thematik gibt es viele deutsch- und englischsprachige Texte und Musikstücke.
Fächerübergreifend können der Biologie-, Englisch- und Deutschunterricht Ergänzendes beitragen.

Projektwochen und Projektfahrten

Projektwochen werden seit einigen Jahren an fast allen Schulen erfolgreich durchgeführt. Sie zeigen, dass Schüler in besonders praxisnahen und eigenverantwortlichen Situationen und Aktionen mit sehr viel mehr Spaß als bei herkömmlichen Unterrichtsformen bei der Sache sind.
Warum nicht auch einmal das Thema »Suchtprävention« bzw. »Lebenskompetenzförderung« zum Schwerpunkt machen?[27]

Einige Beispiele zum Thema »Projektwoche«:

- Die Realschule Neu-Ulm hat in Zusammenarbeit mit dem »Arbeitskreis Sucht«, Neu-Ulm, das Musical »Schall und Rauch« mit dreizehn- bis fünfzehnjährigen Schülern erarbeitet. Mit dabei waren eine Lehrerin der Schule, ein Theaterpädagoge, ein Sozialpädagoge des Gesundheitsamtes und ein Sozialpädagoge des Jugendamtes.

Zum Musical mit dem Titel »Unheimliche Begegnung der (Sehn-)Süchte« wurde sogar ein Video gedreht und ein Begleitheft entworfen.[28]

- Sucht-Festival *Sex & Drugs & Rock'n Roll*: Auf dem Festival gab es einen Plakatwettbewerb, Sketche, eine Band spielte, und es wurden alkoholfreie Getränke angeboten.
  Die besten Beiträge wurden prämiert, das Programm fand großes Interesse bei Schülern und in der Öffentlichkeit.
  Über dieses Projekt kann man sich ein Video[29] bestellen. Es gibt die Dokumentation dieses Medienprojektes mit Jugendlichen wieder und soll den Einstieg zu eigenen Medienprojekten erleichtern.

- Unter Zuhilfenahme von Videos, die von Fachleuten erstellt wurden, können Projekte sehr anschaulich und interessant eingeleitet werden. Hier bietet sich z.B. das Video mit Begleitheft *Warten bis Lilli kommt* für Pädagogen an.
  Der Film erzählt die fiktive Geschichte von Kindern, die in einem Hochhaus wohnen. Er setzt sich mit den Themen Freundschaft, Fernsehen, Naschen, Langeweile und den entsprechenden Alternativen auseinander.
  Zu diesem Video gibt es ein Comic-Heft für Schüler[30], das der Vertiefung des Films dient und von Kindern sehr gern gelesen wird. Sie sprechen auf dieses Heft sehr an, da es spannend und unterhaltsam gestaltet ist.
  Weitere Video-Filme für Jugendliche können über die Bestellliste *Materialien zur Suchtprävention* von der BzgA bezogen werden.[31]

- Am Ende eines Projektes kann eine themenbezogene Ausstellung stehen. Anregungen dazu gibt es in dem Arbeits- und Begleitheft *Tagtäglich ... Jugendliche machen ihre eigene Ausstellung*.

Darin finden sich fünf Beispieltafeln und vier neutrale Tafeln aus robuster Pappe (Format 96 x 176 cm) zum Selbstgestalten über Themen wie Familie, Clique und Schule.[32]

Projektfahrten:

In vielen Schulen werden sportlich oder »touristisch« orientierte Klassenfahrten angeboten.

Warum nicht einmal eine solche Fahrt zum Thema »Suchtprävention« ausgestalten?

Lehrer sind sich der großen Erwartungshaltung von Seiten der Schüler gerade beim Thema Schulfahrten bewusst. Oft sind solche Vorhaben mit dem Druck verbunden, das Richtige und Ansprechende für jeden Schüler zu finden. Um ihr Interesse zu wecken, werden Klassenfahrten immer weiter durchdacht. Zudem werden möglichst viele »Highlights« eingebaut.

Im Sinne der Suchtprävention wäre es sinnvoller, die Schüler von Anfang an aktiv in die Vorüberlegungen mit einzubeziehen.

Gemeinsam wird überlegt, welche Interessen es gibt und wie viel Unkosten entstehen. Welche Art der Unterkunft wird gewählt (Warum sich nicht einmal selbst versorgen? Hierbei wird dem Einzelnen mehr soziale Verantwortung abverlangt!) und welche Projekte sollen in Angriff genommen werden?

Anstatt Sehenswürdigkeiten abzuhaken, kann man eine Klassenfahrt zur Projektfahrt umgestalten. Dazu gibt es eine Vielzahl von attraktiven Ideen (siehe Projektwochen und Projektarbeit), die in der Gemeinschaft entwickelt sowie selbstbestimmt und eigenverantwortlich durchgeführt werden können. Hierbei entsteht ein wesentlich intensiverer sozialer Umgang untereinander und die Schüler können sich besser mit den Inhalten und Programmpunkten der Projektfahrt identifizieren (d.h. auch mehr Engagement entwickeln).

Ein weiterer Faktor sei auch erwähnt:

Klassenfahrten im bisherigen Stil machen aus den Schülern das, was sie ohnehin aus ihrem Alltag kennen. Sie werden erneut zu passiven, erwartungsvollen Konsumenten. Zu Hause werden Langeweile und andere Probleme mit Fernsehen, Videos, Computern, Alkohol, Essen usw. sublimiert. Genauso aber lenkt ein gestrafftes Aktionsprogramm auf der Klassenfahrt von ihren eigentlichen Bedürfnissen und Möglichkeiten ab.

Mit den vorgestellten Ideen oder auch mit anderen Projekten kann die Schule erlebnisorientiert (Abenteuerfahrten z.B. mit Zelt, Fahrrad usw.), kreativitätsorientiert (z.B. mit einem Theaterprojekt, einem Videoprojekt) oder lernorientiert (z.B. mit der Gestaltung eines Feuchtbiotops oder Waldprojekts) auf die Schüler einwirken.

Auf diese Weise erleben oftmals passive, konsumorientierte Heranwachsende, dass es auch andere spannende und interessante Möglichkeiten der Freizeitgestaltung gibt.

Schulen könnten sich manchmal das Geld für Sightseeing-Touren sparen und es stattdessen für Fachleute ausgeben (indem sie z.B. einen Theaterpädagogen für ein Theaterprojekt engagieren), die mit ihrem Wissen den Lehrer professionell unterstützen und entlasten.

Die Entwicklung von Zielsetzungen und Projekten an Grundschulen

Suchtvorbeugung ist ein Bestandteil der Gesundheitserziehung. In der Grundschule ist Gesundheitserziehung ein Teilbereich der Grundschulpädagogik, sie ist Teil des allgemeinen Erziehungsauftrags.

Schon im Grundschulalter können Abhängigkeiten vom Fernsehen, von Süßigkeiten, Comics, Computern usw. auftreten. Später werden daraus vielleicht Zigaretten-, Alkohol- und Tabletten-Sucht. Daher richtet sich Suchtvorbeugung ganz allgemein an alle Kinder, indem sie auf der Basis der Lebenskompetenzförderung Kinder zu sozialen, selbständigen und selbstbewussten Menschen erziehen will. Auf dieser Grundlage werden Kinder stark gemacht, zu stark für spätere Suchtgefahren.
Gemeinsame Projekte können in Kooperation mit dem Kollegium während eines pädagogischen Tages oder einer pädagogischen Konferenz vorbereitet werden. Dabei können sich alle Lehrer informieren, eigene Vorbehalte und Probleme diskutieren und darüber abstimmen, ob sie gemeinsam ein suchtpräventives Projekt durchführen wollen.
Später werden Inhalte, Ideen und Vorgehensweisen besprochen. Diese können in Kleingruppen erarbeitet werden. Der »Lehrer für Informationen zur Suchtprävention« (je nach Bundesland differiert die Bezeichnung etwas) kann bereits erworbenes Wissen und methodische Ideen weitergeben. Fachleute wie z.B. Suchtpräventionsausbilder für Lehrer, Präventionskräfte des Gesundheitsamtes, Mitarbeiter der Ak-

tion Jugendschutz und der örtlichen Beratungsstellen können vom Lehrerkollegium hinzugezogen werden.
Nach und nach entwickeln sich dann gemeinsame Ziele, Ideen und Projekte. Anschließend kann die Schule nach außen gehen und eine Zusammenarbeit und Kooperation mit den Eltern anstreben.
Projekte dieser Art sind an allen Schultypen durchführbar.

»Sinnvoll (Er-)leben« – ein Beispiel suchtunspezifischer Primärprävention an der Grundschule:
Um den Einfluss äußerer Faktoren auf das Konsumverhalten und Suchtprobleme verstehen zu können, ist eine differenzierte (Eigen-)Wahrnehmung dringend geboten. Die gezielte Schulung der Sinne kann viele Kompetenzen, Kontaktfreudigkeit, Entscheidungsfähigkeit und Durchsetzungsvermögen fördern.

Das Projekt »Sinnvoll (Er-)leben« (siehe Anmerkung 25) möchte der permanenten Reizüberflutung in der Kindheit entgegenwirken. Wegen ihr können Kinder heute oft ihre Sinne nicht mehr sinnvoll und konzentriert einsetzen. Mithilfe dieses Projekts soll die Fremd- und Eigenwahrnehmung der Schüler wieder sensibilisiert und der Alltag wieder bewusster erlebt werden. [33]

Man geht davon aus, dass intensive Wahrnehmungen und Empfindungen nicht nur über eine Droge herbeigeführt werden können, sondern auch im Alltag, geschult durch spezielle Sinnesübungen, erfahrbar sind.

Bei dem vorliegenden Projekt werden die Schüler am ersten Projekttag in verschiedene Kleingruppen unterteilt. Es gibt z.B. eine »Schmeckgruppe«, die eingefärbten Speisequark mit unterschiedlichen Aromen gewürzt probieren kann. Dabei werden die Kinder neue Zusammenstellungen erleben und erfahren, dass das Auge bei der Nahrungsaufnahme immer »mitisst«. Hierbei lassen sich auch Parallelen zu unterschiedlichen Werbestrategien in der Wirtschaft ziehen.
Andere Übungen zeigen, dass der Körper oft verschiedene Sinnesorgane beim Schmecken koordiniert und braucht (wenn wir z.B. die Nase beim Essen zuhalten, ist es recht schwierig, die richtige Geschmacksrichtung zu treffen).
Des Weiteren gibt es eine »Tastgruppe«, eine »Sehgruppe«, eine »Hörgruppe« und eine »Riechgruppe«.
Die Riechgruppe, um nur noch ein Beispiel anzuführen, soll Gerüche erleben und genießen. Wie aus der Aromatherapie bekannt, verändert sich mit Gerüchen auch das Empfinden des menschlichen Körpers, denn das vegetative Nervensystem wird direkt angesprochen. Leider übertreiben wir es oft mit den »Wohlgerüchen« in unserer Umwelt. Angefangen vom Deodorant über Duftbäumchen im Auto bis hin zu Aromalampen und künstlich duftenden Bleistiften usw. stürmen eine Vielfalt von Dufteindrücken auf Kinder und Erwachsene ein.
Am Ende des Sinnesprojekts treffen sich die Schüler in ihrer Klasse zum gemeinsamen Meinungs- und Erfahrungsaustausch.

Der Einsatz von audivisuellen Medien am Beispiel von *Warten bis Lilli kommt*:

Von diesem Film war bereits die Rede (siehe S. 191). *Warten bis Lilli kommt* ist ein phantasievoller und spannender Film für Kinder im Grundschulalter. Die Geschichte spricht Kinder besonders an, weil sie sich mit der Hauptfigur »Lilli« sehr gut identifizieren können und sie abenteuerlich finden. Thema

des Films sind die Alltagssüchte dreier Kinder. Er zeigt aber auch Möglichkeiten auf, etwas zu verändern.
Da der Videofilm 51 Minuten lang ist, sollte er bei Grundschülern in Abschnitten gezeigt werden.
Nach dem Film können verschiedene Methoden der Nachbereitung eingesetzt werden. Z.B. können die Kinder auf vorbereitete Papiere ihre Lieblingsszene malen (das Papier kann am oberen und unteren Rand mit einem Filmraster wie auf einem Filmband bemalt werden, so dass ein eigener kleiner »Film« entsteht) oder diese auf Diarähmchen mit Folienschreiber skizzieren. Anschließend werden sie mittels eines Diaprojektors vorgeführt.
Einzelne Filmszenen können nachgespielt und Gespräche über eigene Erfahrungen zusammengetragen werden.
Es lässt sich auch ein »Langeweile-Brettspiel« erfinden, auf dem »Lilli« und ihre späteren Freunde die Figuren darstellen. Die Kinder können darauf die gesehenen Kulissen und verschiedenen Handlungsstationen nachbauen. Auch Hindernisse und Ereigniskarten können hinzukommen.

Ziel dieser Aktion ist es, die Kinder nach dem Konsum eines Filmes wieder selbst aktiv werden zu lassen. Weiterhin soll der Gruppe bewusst werden, warum es den fiktiven Kindern im Film nicht gut ging.

Mit Spielfiguren, Würfeln, selbstgebasteltem Spielplan und Ereigniskarten kann das Spiel beginnen.[34]

Bilderbücher zum Thema Suchtprävention:
Es gibt viele Kinder- und Jugendbücher, die sich indirekt und auch inhaltlich für dieses Thema eignen.

Z.B. Erhard Dietls *König Vogelfrei* (Stuttgart 1991, Thienemann Verlag), das im Vorschul- und Grundschulalter einzusetzen ist:
Ein König hat alles, was er sich wünschen kann, und ist doch nicht glücklich. Als er einen Vogel einfängt, erlebt er, dass dieser nur in der Freiheit singt, weil er dabei glücklich ist. Der König verlässt sein Schloss, verschenkt seine Schätze und zieht ohne Geld in die Welt, um endlich wieder glücklich zu werden.
Das Buch regt dazu an, über die Flut von vermeintlich wichtigen Dingen in unserem Leben und über das Glücklich- und Unglücklichsein zu philosophieren.
Kinder können die Geschichte weiterspinnen, -malen, -spielen und -erzählen: wie es dem ehemals verwöhnten König ohne Geld in der weiten Welt ergangen ist ...
Man könnte die Kinder auch Plakate oder Kärtchen bemalen lassen mit der Überlegung: Was macht mich glücklich? Was macht mich unglücklich? Was brauche ich, um im Leben zufrieden zu sein? usw.

Der Kinderroman *Gummibärchen & Pommes frites* (Esslingen, 3. Aufl., Esslinger Verlag) von Evelyne Stein-Fischer (für Kinder im Grundschulalter) erzählt von Doris, deren Eltern beide arbeiten. Sie fühlt sich alleine und isst Schokolade, bis sie richtig dick wird. Erst als sie wirkliche Freunde findet, erkennt Doris, dass sich Probleme auch anders lösen lassen.
Diese Geschichte kann in »Fortsetzungen« erzählt werden.
Zur Nachbereitung kann man Collagen mit Süßigkeiten anfertigen, über gesundes und ungesundes Essen reden oder selbst etwas Gesundes kochen (eventuell in einer Projekteinheit) und Plakate schreiben, auf denen steht, wann und wie viel die Kinder Süßes essen.
Während des Vorlesens kann die Klasse jeweils am Ende eines »Kapitels« dazu aufgefordert werden, eigene Lösungsvorschläge vorzubringen. Diese können anschließend in Rollenspielen ausprobiert werden usw.

Für Grundschulen gibt es weitere Materialien zu den Themen Nichtrauchen (dritte und vierte Klasse), Naschen (erste bis vierte Klasse), Fernsehen (erste bis vierte Klasse) und Arzneimittel (erste bis vierte Klasse).[35]
Eine Kombination aus den Mappen und den aktiven und praktischen Projekten, wie weiter oben beschrieben, ist sinnvoll.

Zum Abschluss möchte ich Ihnen noch das »Lions-Quest«-Programm vorstellen. Klaus Hurrelmann hat mich freundlicherweise darauf aufmerksam gemacht.

Das »Lions-Quest«-Programm – ein amerikanisches Unterrichtsmodell für weiterführende Schulen

Anfang der neunziger Jahre lernten zwei deutsche Lehrer auf einer Fachkonferenz in den USA Unterrichtshilfen pädagogischer Ansätze zur Suchtvorbeugung kennen, die dort bereits 1980 entworfen wurden.
Die gemeinnützige Organisation »Quest« hat in Amerika zu diesem Projekt ein 300 Seiten umfassendes Lehrerhandbuch, ein spezielles Elternbuch (50 Seiten, leicht verständlich) und ein Schülerheft entwickelt.
Die beiden Lehrer, Annette Pölert-Klassen und Wulf Hasheider, entschlossen sich, dieses Projekt auch in deutschen Schulen anzuwenden.
Die Handbücher wurden mit finanzieller Unterstützung der *Johann-Jacobs-Stiftung* (Zürich) und des *Lions-Club Deutschland* ins Deutsche übersetzt und in zehn Klassen an fünf Schulen im ostwestfälischen Lippe systematisch erprobt. Klaus Hurrelmann von der Universität Bielefeld übernahm

die vom nordrhein-westfälischen Kultusministerium unterstützte wissenschaftliche Begleitung.
Erprobt wurde das Suchtpräventionsmodell 1996 mit Schülern der siebten bis neunten Klasse.
Die Jugendlichen waren im Durchschnitt dreizehn bis sechzehn Jahre alt, eine Altersspanne, in der sich nach neuestem Forschungsstand ihr zukünftiges Konsum- und Missbrauchsverhalten legaler und illegaler Drogen manifestiert.
Das »Lions-Quest«-Programm ist nach Ansicht von Klaus Hurrelmann an allen Schulen durchführbar. Einschränkungen gibt es nach Hurrelmann nur bei Gymnasien, die sich wegen des Kurssystems etwas schwer tun.
Sinnvoll sind zwei Stunden suchtpräventiver Unterricht pro Woche, der von einem eigens dafür vorbereiteten Lehrer durchgeführt wird. Bei guter Planung ist es auch möglich, die Unterrichtshilfen in den vorhandenen Stundenplan zu integrieren. Dies wurde bereits in den Fächern *Politik*, *Deutsch* und *Biologie* erfolgreich erprobt.

Das »Lions-Quest«-Programm setzt bei den Ursachen und Motiven für den Konsum von Suchtmitteln an. Informationen zu den unterschiedlichen Drogenarten werden sachlich und zurückhaltend vermittelt. Die Förderung der Persönlichkeit und das Erlernen sozialer Kompetenzen, um wiederstandsfähiger gegen mögliche Suchtgefährdungen zu werden, stehen im Mittelpunkt.

Auf lebendige Art und Weise werden in sozialen Übungen Anregungen vermittelt, das eigene Leben selbständig zu meistern. Sieben didaktische »Bausteine« helfen dabei:

Hierbei geht es unter anderem um die Probleme und die Auseinandersetzung mit dem Erwachsenwerden. In diesem Zusammenhang wird über Pubertätsprobleme, das Zusammenleben mit Freunden, Freundschaften sowie über Zukunftsträume gesprochen.
Es schließen sich Übungen zur »Stärkung der Selbstsicherheit und des Selbstvertrauens« an, gefolgt von der »Förderung des Selbtwertgefühls«. Dabei wird den Jugendlichen bewusst gemacht, wo ihre persönlichen Stärken liegen.
Weiterhin wird mit den Schülern in der Gruppe trainiert, richtig zuzuhören und sich selbst Gehör zu verschaffen. Sie müssen lernen, andere Meinungen zu respektieren und Verantwortung für die eigene Meinung zu übernehmen.
Sie lernen, eigene Gefühle wahrzunehmen, sie auszudrücken und dem Gegenüber vermitteln und vor ihm vertreten zu können.
In soziale Übungen werden Informationen und Fragen zu Suchtmitteln und Suchtverhalten eingebaut.
Den Schülern wird vermittelt, dass echte Freundschaften etwas sehr Wichtiges und Wertvolles sind, dass es aber von großer Bedeutung ist, sich nicht dem Gruppenzwang zu beugen. Heranwachsende sollen lernen, Nein zu sagen.
Während des »Probelaufs« in den Schulen der Stadt Lippe waren Eltern (durch ein Elternhandbuch) und Schüler ständig thematisch in den Unterricht mit einbezogen.
Im Zuge dieses Projekts wurde von der Verbesserung der Schüler-Lehrer-Beziehung und des Verhältnisses der Schüler untereinander berichtet. In gleicher Weise wurde der Kontakt der Eltern zur Schule verstärkt. Des Weiteren wurde dokumentiert, dass sich das Wissen der Schüler über eine mögliche Gesundheitsgefährdung durch den Konsum von legalen und illegalen Suchtmitteln verbesserte sowie eine kritische Auseinandersetzung mit diesem Thema begann.[36]

Elternarbeit

Grundsätzlich gestaltet sich Elternarbeit in der Schule anders als im vorschulischen Bereich.

Gab es im Kindergarten beispielsweise noch viele Anknüpfungspunkte durch das tägliche Bringen und Abholen der Kinder, so verflüchtigen sich selbst solch kurze Begegnungen in der Schule nahezu sofort. Erste Elternabende werden noch engagiert besucht, doch viel zu schnell lässt das Interesse von Seiten der Eltern nach. Diese Beobachtung machen teilweise schon Grundschullehrer und vor allem Lehrer an weiterführenden Schulen. Meistens beschränkt sich der Kontakt zwischen Elternhaus und Schule auf vereinzelte Sprechtage und Feste. Oftmals kommen Eltern nur noch bei Schulproblemen ihrer Kinder in die Schule oder um sich nach ihren Leistungen zu erkundigen.

Die Situation ist auch für Lehrer nicht immer einfach.

Doch mit der Aufnahme eines suchtpräventiven Projektes oder den in den Unterricht eingebundenen suchtunspezifischen und spezifischen Maßnahmen besteht eine Chance, die Eltern erneut anzusprechen und in das Schulgeschehen stärker einzubinden.

Dabei können auch neue Wege beschritten werden. Elternabende würden vielleicht ungezwungener und offener ablaufen, wenn die Sitzordnung verändert wird (Stuhlkreis) oder die Inhalte verändert werden (indem nicht nur über schulische Probleme und Noten, sondern auch einmal über die Erziehungssituation in der Schule und im Elternhaus gesprochen würde).

Klassenfahrten, Exkursionen und Projekte können Eltern durch Anregungen unterstützen, wodurch ein besseres Verständnis und mehr Einblick in die Schüler- und Lehrersituation möglich wird.

Elternbriefe oder Elternhandbücher wie z.B. bei dem »Lions-Quest«-Programm haben bereits gezeigt, dass Eltern auf diese Weise sehr erfolgreich mit einbezogen werden können.
Wenn die Zusammenarbeit zwischen Schule und Elternhaus enger und offener wird, können auch die Lehrer Verhaltensweisen ihrer Schüler besser einschätzen, weil sie über die Hintergründe zu Hause informiert sind.

Elternabende zum Thema Suchtprävention:
Eltern sind die ersten und intensivsten Vorbilder ihrer Kinder. In der Familie werden entscheidende Grundlagen für die Persönlichkeitsentwicklung des Kindes geschaffen. Deshalb sollten Pädagogen für eine vertrauensvolle Atmosphäre sorgen, um sich mit den Eltern über Zusammenhänge und Probleme im Umgang mit Konsum und Suchtmitteln auszutauschen.

Elternabende bieten die Möglichkeit, Väter und Mütter behutsam und mit viel Fingerspitzengefühl in die Thematik der verschiedenen »Alltagssüchte« und der Suchtvorbeugung in der Familie einzuführen.

Viele Eltern können nicht glauben, dass ihr Kind bereits Vorformen von süchtigem Verhalten aufweisen könnte. Manche beobachten schon stille Süchte. Und wiederum andere wissen um ihre eigenen mehr oder minder schweren Suchtformen.
An solchen Abenden sollte den Eltern verständlich gemacht werden, dass »liebe« Gewohnheiten oder das eine oder andere Laster unter Umständen die Weichen für späteres Suchtverhalten stellen können.

Hierbei sollte auf längere Referate möglichst zugunsten des gegenseitigen Austauschs verzichtet werden. In dem Projekt *Sinnvoll (Er-)leben – ein Beispiel suchtunspezifischer Primärprävention* (siehe Seite 195 ff.) macht die Bezeichnung »Elterngesprächskreis« bereits deutlich, wie sich ein Elternabend gestalten lässt.
Auch auf die Unterstützung durch geschulte Fachleute sollte man an Elternabenden nicht verzichten.
Als Pädagoge kann man bei suchtspezifischen Fragen oder schwierigen Gesprächssituationen auf solche Weise immer auf fachliche Unterstützung zurückgreifen.
Auf der Ebene eines Gesprächskreises entsteht eine offene, lockere Atmosphäre. Die Eltern haben in Kleingruppen und im Plenum die Möglichkeit, sich über ihre familiäre Alltagssituation auszutauschen.
Ziel der anschließenden Gespräche ist ein anderes Verständnis von Abhängigkeit, denn für viele Eltern steht »Abhängigkeit« für Drogen, sozialen Abstieg usw. Doch Sucht- und Konsumprobleme beginnen im Kleinen und auf oft recht harmlose Weise.
Dabei ist es wichtig, das eigene Verhalten zu hinterfragen und nicht nur äußere Faktoren für das aktuelle Konsumverhalten verantwortlich zu machen, sonst bleibt Resignation statt Mut zur eigenen Initiative zurück.
Eltern sollten dazu angeregt werden, über Verhaltensweisen wie Genussfähigkeit oder Genuss-Sucht wie auch das Selbstbewusstsein und die Konfliktfähigkeit ihrer Kinder nachzudenken. Natürlich bleibt dabei die Auseinandersetzung mit den eigenen Verhaltens- und Konsumweisen sowie individuellen Erziehungsformen nicht aus. In diesem Zusammenhang kann es auch zu Kontroversen kommen, die an solchen Abenden oftmals eher unverhofft zwischen Eltern ausbrechen. Deshalb ist es wichtig, vorher einen Gesprächsleiter zu bestimmen.

Ein weiteres Ziel ist die Aufklärung darüber, dass Suchtvorbeugung immer bei den Eltern und in der Familie beginnt. Dabei entstehen Fragen und Überlegungen wie z.B.:

- »Wie gehe ich mit Konsumwünschen um?«
- »Welche Sehnsüchte und Konflikte beschäftigen mich?«
- »Inwieweit bin ich ein gutes Vorbild?«
- »Wie kann ich Genussfähigkeit vermitteln?«
- »Wie versucht die Schule auf die Schüler einzuwirken?«
- »Wo können Schule und Eltern gemeinsam etwas bewirken?«

Oftmals reicht ein Elternabend nicht aus, um all diese vielen Gesprächs- und Diskussionspunkte ausreichend zu besprechen. Deshalb sollten die ersten Kontakte nach Möglichkeit durch weitere Treffen in der Schule intensiviert werden. Auch ein Elternstammtisch bzw. Elterngesprächskreis außerhalb der Schule ist erstrebenswert.[37]

Schlussbemerkung

Jede Eltern- und Kindergeneration hat ihre eigenen Probleme und Schwierigkeiten. Heute führt die stark technisierte, multimediale Umwelt sowie die veränderte Spiel- und Familiensituation zu einer starken Gefährdung von Kindern und Jugendlichen.

Nie war es für Kinder einfacher, Wünsche erfüllt zu bekommen. Trotz steigender Arbeitslosigkeit und einer geringeren Kaufkraft sparen Eltern keinesfalls an ihren Kindern.

Vierjährige radeln bereits mit Mountainbikes herum, Siebenjährige besitzen eine eigene Musikanlage, Zwölfjährige haben einen wohlsortierten, mit Markenkleidung gefüllten Kleiderschrank und Fünfzehnjährige den neuesten und schnellsten Computer zu Hause. Die Maßstäbe verändern sich ebenso schnell wie die Anforderungen an die Heranwachsenden.

Mitmachen und mit dem Puls der Zeit zu gehen, war schon immer das Ziel der Jugend. Hierher gehören auch Gruppenzwang und die Orientierung an der »Clique«.

Dadurch entsteht schon im Kindesalter eine immer größer werdende Suchtgefahr.

Bisher ist dieser langsam schleichenden Gefahr noch wenig Aufmerksamkeit geschenkt worden. Doch in Fachkreisen ist man sich einig, dass man gegen die zukünftigen Suchtprobleme früh angehen kann und muss. Deshalb ist es an der Zeit, dass engagierte Eltern und Pädagogen für eine größere Verbreitung der »Suchtpräventionsmaßnahmen« eintreten.

Die erste und wichtigste Basis zur Suchtvorbeugung bildet die Familie. Die vorhandenen Vorbilder und Verhaltensmuster sind für das weitere Leben des Kindes absolut prägend. Ich habe in diesem Buch verschiedentlich gezeigt, dass es viele Zusammenhänge und Fakten gibt, auf die Eltern einwirken können. Ich habe außerdem zu zeigen versucht, dass es zu vielen Konsumsituationen auch alternative Verhaltensweisen gibt.

Eltern, die dahingehend etwas bewegen möchten, können sich durch ihr Engagement in vorschulischen und schulischen Einrichtungen dafür einsetzen, dass Maßnahmen zur Suchtprävention auch an die Familien weitervermittelt werden können, die bisher noch wenig Zugang dazu gefunden haben. Die Projekte des »Spielzeugfreien Kindergartens« und die unterschiedlichen Suchtpräventionsprojekte in den Grund- und weiterführenden Schulen haben gezeigt, dass sich viele Eltern und Pädagogen nicht nur darauf eingelassen haben, sondern begeistert davon waren. Für diese Einrichtungen und für Eltern und deren Kinder hat sich einiges verändert.

Leider werden solche Projekte noch in zu wenigen Einrichtungen durchgeführt. Jeder Kindergarten bzw. jede Kindertageseinrichtung und Schule sollte präventive Projekte in regelmäßigen Abständen durchführen.

Wir hätten dadurch sicher sehr viel selbständigere, selbstbewusstere und sozial kompetentere Kinder und Jugendliche. Dies käme nicht nur dem suchtpräventiven Gedanken entgegen, sondern könnte auch positive Auswirkungen auf zukünftige Gesellschaftsformen haben.

Deshalb hoffe ich auch, mit diesem Buch nicht nur Eltern, sondern auch Berufspädagogen für die Suchtprävention auf der Basis der Lebenskompetenzförderung zu gewinnen.
Jeder Einzelne von Ihnen kann seine Begeisterung dafür in das jeweilige Team hineintragen, es informieren und Projekte ins Rollen bringen.
Es ist ein neuer, spannender Weg.
Für uns und die Kinder!

Danksagung

An erster Stelle möchte ich meinem Mann Michael danken. Er hat nicht nur Korrektur gelesen, sondern das Kapitel *Medien- und Kommunikationslandschaften* größtenteils selbst verfasst. Außerdem hat er mich bei der Ausarbeitung der anderen Kapitel unterstützt.

Dann möchte ich mich bei allen Kindergärten, Fachkräften für Suchtprävention sowie dem Gesundheitsamt und der AOK Neu-Ulm für ihre Unterstützung, die Informationen, Gespräche und die Hospitationsmöglichkeiten bedanken.

Besonders hervorheben möchte ich den Ganztageskindergarten »Sternenschiff« in Oberelchingen, denn dort entstand mit dem Erleben »meiner« ersten »Spielzeugfreien Zeit« die Idee zu diesem Buch.

Danken möchte ich auch Professor Dr. Klaus Hurrelmann für die vielen wissenschaftlichen Zahlen, Artikel und Vortragsmanuskripte, die er mir hat zukommen lassen.

Andrea Braun

Anmerkungen und Literaturhinweise

1 Vgl. Hurrelmann, Klaus: *Zum Zusammenhang von Sozialisation und Drogen im Jugendalter* (eine im Sonderforschungsbereich Prävention und Intervention im Kinder- und Jugendalter durchgeführte Studie der Universität Bielefeld). *Deutsche Jugend* (Juventa) 10/1997

2 *Iss was? – Über Essen, Trinken und alles, was euch sonst noch interessiert!* Ein Magazin für Kinder. (Kostenlos) bei der Bundeszentrale für gesundheitliche Aufklärung in 51101 Köln zu bestellen.

3 Selvini-Palazzoli, Mara: *Magersucht. Von der Behandlung einzelner zur Familientherapie.* Stuttgart, 6. Aufl. 1995 (Klett-Cotta Verlag).

4 *Wenn der Hefeteig spazieren geht.* Eine umfassende Broschüre, herausgegeben von der Bundeszentrale für gesundheitliche Aufklärung (siehe Anmerkung 2).

5 Schürmann-Mock, Iris: *Nudeln, Pommes und was sonst? Gesunde Kinderernährung mit Spaß und Genuss. Mit pfiffigen Rezepten für groß und klein.* München 1996 (Kösel-Verlag).

6 Zitat aus: *Sucht hat viele Ursachen* (Medienpaket Alkohol und Medikamente), herausgegeben von dem AOK-Bundesverband, hier S. 8. Zu bestellen bei jeder AOK-Geschäftsstelle.

7 von Friesen, Astrid: *Geld spielt keine Rolle. Erziehung im Konsumrausch.* Hamburg 1994 (Rowohlt-Verlag), S. 183.

8 Die drei Affen spielen beim schintoistisch-buddhistischen Koshin-Fest als Boten eine Rolle, die über den Menschen Bericht erstatten und deshalb im Sinne eines Abwehrzaubers nichts Böses sehend, hörend und sprechend dargestellt werden.

9 Vgl. *Neue Medien und Familie,* S. 34. Eine Broschüre für Erzieherinnen und Erzieher, kostenlos zu beziehen bei der

Bundeszentrale für politische Bildung
Referat Medienpädagogik und Neue Medien
Postfach 2325
53013 Bonn

10 *Alles auf Empfang – Familie und Fernsehen.* Eine kostenlose Elternbroschüre mit Hinweisen und Tipps zum Umgang mit dem Fernsehen in der Familie. Zu beziehen bei

Aktion Jugendschutz
Landesarbeitsstelle Bayern e.V.
Fasaneriestr. 17
80636 München

Alles auf Empfang – Zusammenarbeit mit Eltern. Ein Leitfaden für die medienpädagogische Arbeit in Kindergarten und Grundschule zum Thema Fernsehen (DM 3,50).

Augenblick mal... Eine kurze, informative Broschüre für Eltern. Herausgegeben von und kostenlos zu beziehen bei der Bundeszentrale für politische Bildung (Adresse siehe Anmerkung 9)

Neue Medien und Familie. Eine Broschüre für Eltern (kostenlos).

Neue Medien – Freunde unserer Kinder. Eine Broschüre für Eltern (kostenlos).

Neue Medien – Freunde unserer Kinder. Eine Broschüre für Erzieherinnen und Erzieher (kostenlos).

Bei diesen Veröffentlichungen handelt es sich um sehr gute, praxisbezogene Broschüren, die Sie auch bei der Bundeszentrale für politische Bildung (Hrsg.) beziehen können (Adresse siehe Anmerkung 9)

11 Erhältlich ist die Sicherung bei
Intermezzo
Steilshooper Allee 425
22177 Hamburg
Tel.: (040) 64 20 28 80

12 Heft 3: »Suchtmittel, Behandlungsmöglichkeiten, Beratungsstellen«, S. 13. Bei den Broschüren *Kinder stark machen – zu stark für Drogen* handelt es sich um eine dreiteilige Informationsreihe für Eltern und Erzieher zu den Themen Suchtvorbeugung,

Suchtursachen und Suchtbekämpfung (beginnend im Vorschulalter bis zur Pubertät).
Besonders das dritte Heft gibt eine Vielzahl von Infos zu Suchtmitteln, Behandlungsmöglichkeiten und Beratungsstellen.
Zu beziehen bei der Bundeszentrale für gesundheitliche Aufklärung, siehe Anmerkung 2.

13 *Ess-Störungen.* Bulimie – Magersucht – Ess-Sucht: vier Geschichten – vier Ess-Störungen.

Ess-Störungen. Literatur. Fachliteratur zu den Themen Bulimie – Magersucht – Ess-Sucht.

Ess-Geschichten. Geschichten von Familien mit Essproblemen. Wenn Kinder zu dünn oder dick werden, was dahinter steckt und was man dagegen tun kann.

Alle Broschüren sind kostenlos bei der Bundeszentrale für gesundheitliche Aufklärung zu bestellen, siehe Anmerkung 2.

14 Anonyme Spieler
Kontaktstelle Deutschland
Eilbeker Weg 20
22089 Hamburg

15 Hurrelmann, Klaus: *Magazin für die Polizei* (26/1995), hier »Die Ecstasy-Welle«, S. 5.

16 Hurrelmann, Klaus: *Zum Zusammenhang von Sozialisation und Drogen im Jugendalter*, siehe Anmerkung 1.

17 Zum Beispiel:

Anonyme Alkoholiker (AA)
Postfach 46 02 27
80910 München
Tel. (089)3 16 43 43

Al-Anon Familiengruppen, Gruppen für Angehörige und Jugendliche
Emilienstr. 4
45128 Essen
Tel. (02 01)77 30 07

Über diese Adressen oder in der Tageszeitung erfahren Sie weitere Adressen örtlicher Gruppen!

18 Gordon, Thomas: *Die neue Familienkonferenz. Kinder erziehen ohne zu strafen*. Hamburg 1993 (Hoffmann und Campe Verlag).

19 Seifenblasen können Sie folgendermaßen herstellen:

Zutaten:
1 l warmes Wasser
4 Esslöffel »grüne Seife« bzw. Schmierseife (weiße, zähe Masse)
4 Esslöffel Glycerin (aus der Apotheke)

1. Warmes Wasser abmessen und Seife dazugeben. Mit dem Schneebesen gut umrühren.
2. Glycerin dazugeben und gut umrühren.
3. Ausprobieren und eine Zeit lang stehen lassen. Je länger die Lauge steht, desto besser ist sie für Seifenblasen geeignet. Wenn es nicht gleich klappt, eventuell verdünnen oder etwas mehr Seife zugeben. Das Schöne daran ist das Herumexperimentieren.

Ein Pusteröhrchen stellen Sie wie folgt her:

Material:
30 cm mitteldicker Draht
Wollreste

1. Ein Drittel des Drahtes zu einem Kreis formen und gut miteinander verdrehen. Es entsteht ein Kreis mit herunter hängendem, langem Drahtstück.
2. Den restlichen Draht einmal zur Hälfte zusammenlegen und miteinander verdrehen (stabiler Haltegriff).
3. Nun den Kreis einmal fest mit einem Stück Wolle umwickeln, so dass ein umwickelter kleiner »Reifen« entsteht. Gut verknoten und dann in Seifenlauge tauchen.

Hinweis: Ich habe die besten Ergebnisse bei der Herstellung von Seifenblasen mit der Neutralseife von der Firma HAKA erzielt.

Knetmasse lässt sich folgendermaßen herstellen:

Zutaten:
400 g Mehl
200 g Salz
2 Esslöffel Alaunpulver (aus der Apotheke)

3 Esslöffel Speiseöl
1/2 l kochendes Wasser
Speisefarbe

1. Mehl, Salz und Alaunpulver miteinander in einer Schüssel vermischen.
2. Das Speiseöl und das kochende Wasser hinzugeben und mit dem Handrührer verkneten.
3. Mit Speisefarben einfärben.

Ergibt eine geschmeidige, weiche Knetmasse, die schon für Kleinkinder geeignet ist. Sie darf jedoch nie längere Zeit an der Luft stehen bleiben, sondern sollte immer in einem verschließbaren Behältnis aufbewahrt werden, da sie sonst schnell austrocknet und hart wird.

Noch ein Tipp:
Bei Kindern ab fünf Jahren kann man davon ausgehen, dass sie nicht mehr in die Knete hineinbeißen. In diesem Fall kann man die (teure) Speisefarbe durch angerührtes Wasserfarbenwasser ersetzen (man muss dann aber entsprechend weniger heißes Wasser nehmen).

20 Anderson Wilkins, Joan: *Bewusster fernsehen. Ein Vier-Wochen-Programm für die Familie.* Frankfurt/M. 1986 (Fischer Verlag), S. 61 ff.

21 Empfehlenswert ist hier die Broschüre: *Ich will mein Kind vor Drogen schützen* aus der Reihe *Kinder stark machen – zu stark für Drogen* (siehe Anmerkung 12)

22 Schubert, Elke/Strick, Rainer: *Spielzeugfreier Kindergarten – Ein Projekt zur Suchtprävention für Kinder mit Kindern.* Herausgegeben von der

Aktion Jugendschutz, Landesarbeitsstelle Bayern e.V.
Fasaneriestr. 17
80636 München
Bestellnummer: 1 20 11 (DM 3,90, plus Porto)

23 Schubert, Elke/Strick, Rainer: *Leitfaden zum Spielzeugfreien Kindergarten.* Herausgegeben von der

Aktion Jugendschutz, Landesarbeitsstelle Bayern e.V.
Bestellnummer: 1 20 21 (DM 1,30)

Diese Broschüre enthält weitere Informationen zur Durchführung des Projektes, zur Videodokumentation, außerdem Beobachtungs- und Auswertungsraster, Elternbriefvorschläge sowie einen Fragebogen für die Eltern.

24 *Materialmappe Suchtprävention*. Aktion Jugendschutz Bayern, 4. Aufl. 1995, hier das Kapitel »Suchtprävention in der Schule« von Hans Jürgen Hallmann, D 3, S. 42 ff.
Bestellnummer: 1 10 11 (DM 39,-)
Diese Mappe enthält eine Vielzahl von fachlichen Informationen, Beiträgen von verschiedenen Autoren und Materialien zu Suchtmitteln, zur Entstehung von Abhängigkeit und zur Prävention in verschiedenen pädagogischen Praxisfeldern für Erzieher, Lehrer usw.

25 Vgl. aus der *Materialmappe Suchtprävention* die praxisorientierten Beiträge von Helmut Lange und Lothar Riemer: »Suchtunspezifische Primärprävention in der Grundschule« (siehe Anmerkung 24), D 3.1, S. 64 ff.

26 *Sucht hat viele Ursachen*. Ein Lehrerhandbuch (Ringordner) der AOK mit Theorie und Praxisvorschlägen sowie vielen Gruppen- und Wahrnehmungsübungen (ab der fünften Klasse). In diese Reihe gehört auch der Ratgeber für Eltern *Medienpaket Alkohol und Medikamente*. Außerdem das *Medienpaket Drogenvermeidung*. Bei allen AOK-Geschäftsstellen anzufordern.

27 Vgl. hierzu in der *Materialmappe Suchtprävention* das Kapitel »Suchtprävention in der Schule« von Hans Jürgen Hallmann, D 3, S. 33 ff. (siehe Anmerkung 24)

28 Video und Begleitheft *Unheimliche Begegnung der (Sehn-) Süchte* (1993) sind zu beziehen beim

Gesundheitsamt Neu-Ulm
Donaustr. 24
89231 Neu-Ulm
Ansprechpartner: Herr Förster

29 *Sex & Drugs & Rock'n Roll*. Ein Video für Lehrer und Eltern. Zu beziehen über das

Bayerische Landesjugendamt
Präventive Jugendhilfe

Richelstr. 11
880634 München

30 Der Comic heißt wie der Film *Warten bis Lilli kommt* und ist für Kinder ab sechs Jahren geeignet. Video und Comic sind über die Bestellliste *Materialien zur Suchtprävention* bei der Bundeszentrale für gesundheitliche Aufklärung zu beziehen (Adresse siehe Anmerkung 2)

31 Bei der BzGA (siehe Anmerkung 2) kann man auch mehr über die Inhalte anderer Videofilme erfahren.
Die Videofilme können dort entweder bestellt oder bei vielen Landes-, Kreis- und Stadtbildstellen sowie bei den Evangelischen und Katholischen Medienzentralen ausgeliehen werden.

32 *Tagtäglich ... Jugendliche gestalten ihre eigene Ausstellung*. Für Lehrer in weiterführenden Schulen.
1. Begleit- und Arbeitsheft zur Ausstellung
2. Display-System (fünf Gestaltungsbeispiele und vier neutrale Gestaltungstafeln) für das Erarbeiten eigener Beiträge zu Themen wie z.B.: Familie, Schule, Clique.
Zu bestellen über die Bestellliste *Materialien zur Suchtprävention* (Adresse siehe Anmerkung 2).

33 Weitere Materialien z.B. von Hugo Kükelhaus und Rudolf Zur Lippe *Entfaltung der Sinne. Erlebnisse mit dem Erfahrungsfeld*. Frankfurt/M., 12. Aufl. 1996 (Fischer Taschenbuchverlag) oder Materialien zur Sinnesschulung nach Maria Montessori.

34 Alle Vorschläge finden sich in der vom Landesinstitut für Erziehung und Unterricht Stuttgart, Informationsdienst zur Suchtprävention erstellten Sondernummer *Suchtvorbeugung in der Grundschule*. Sie wurde herausgegeben vom

Ministerium für Kultus, Jugend und Sport
Baden-Württemberg
Schlossplatz 4
70173 Stuttgart

35 Diese Unterrichtsmappen für die Grundschule enthalten Unterrichtsmaterialien und -vorschläge, Vorlagen für Arbeitsblätter, Kopierbögen, Fotobögen, Spielvorlagen. Je nach Broschüre verschieden. Bestellmöglichkeit über die *Materialmappe zur Suchtprävention* (Adresse siehe Anmerkung 2).

36 Wenn Sie mehr über das »Lions-Quest«-Programm wissen wollen, wenden Sie sich bitte an die folgende Adresse:

Universität Bielefeld
Fakultät für Gesundheitswissenschaften
Postfach 10 01 31
33501 Bielefeld
Tel.: (05 21)106-38 34 oder -43 80

37 Weitere Informationen finden Sie in dem Heft *Suchtvorbeugung in der Grundschule* unter der Kapitelüberschrift: »Kooperation mit den Eltern«, S. 24 ff. (siehe Anmerkung 34).